高校秘书工作实践与理论研究

李泽忠 著

西南交通大学出版社
·成 都·

图书在版编目（CIP）数据

高校秘书工作实践与理论研究 / 李泽忠著. —成都：西南交通大学出版社，2021.12
ISBN 978-7-5643-8530-9

Ⅰ. ①高… Ⅱ. ①李… Ⅲ. ①高等学校 – 学校管理 – 秘书 – 工作 – 研究 Ⅳ. ①G647

中国版本图书馆 CIP 数据核字（2021）第 267670 号

Gaoxiao Mishu Gongzuo Shijian yu Lilun Yanjiu
高校秘书工作实践与理论研究

李泽忠 / 著	责任编辑 / 李芷柔
	封面设计 / 原谋书装

西南交通大学出版社出版发行
（四川省成都市金牛区二环路北一段 111 号西南交通大学创新大厦 21 楼 610031）
发行部电话：028-87600564　028-87600533
网址：http://www.xnjdcbs.com
印刷：四川煤田地质制图印刷厂

成品尺寸　146 mm × 208 mm
印张　8.375　　字数　202 千
版次　2021 年 12 月第 1 版　　印次　2021 年 12 月第 1 次

书号　ISBN 978-7-5643-8530-9
定价　86.00 元

图书如有印装质量问题　本社负责退换
版权所有　盗版必究　举报电话：028-87600562

前言
PREFACE

高校秘书是学校的关键岗位之一。高校秘书工作具有举足轻重的作用，是学校工作不可缺少的重要组成部分。笔者从事高校办公室秘书工作多年，通过长期对秘书工作的实践、探索与研究，笔者在独立思考中创设了独特的理念、理论、观点和方法。特著书言理言志，著书会友，以书交友，以书助友。

书山有路"学"为径，学海无涯"乐"作舟；质量兴业，坚持创新；精雕细刻，书写文书精品；千辛万苦，苦中有甜——这是高校秘书工作的真实生动写照。在此，谨以此书向高校、各行各业辛勤工作在秘书战线上的同行致敬！

笔者探究的高校秘书工作经验、理论研究，期望与同行共勉。高校秘书文书写作经验及理论指要：博览群书，写作之基；勤写勤练，写作之路；主题主旨正确，灵魂之要；选准典型材料，选材之要；结构合理完整，谋篇布局之要；字准句美，文字之要；一字值千金，画龙点睛之要；语言表达精准精简，语言之要；创意创新，精髓之要。高校秘书管理服务指要：合法合规，管理之要；依法依规，办事之要；严守秘密，保密之要；微笑善言，待客之道。

本书以《党政机关公文处理工作条例》、相关法律法规为依据。全书共分为三编：第一编重点介绍了高校秘书角色定位与工作职责，提出了秘书工作十大观点（即观点论）和秘书十大工作方法（即方法论）。第二编重点论述高校秘书文书写作工作，简介了高校秘书文书撰写基本要求，提出了写作"四大"思维、"四强"方法和"五个学会"。以"参照范文，学习和指导写作"的编写方式，为高校文字秘书和法务秘书的写作工作提供参照和启迪，使其"易学易懂"，克服和避免了"空洞式"的理论说教。第三编重点阐述高校秘书日常管理事务工作，具体包括高校文件管理、会务工作、宣传工作、考勤考核工作、档案管理、印章管理、公务接待、合同管理等高校秘书实务管理工作，主要为高校事务秘书工作提供参考和借鉴。

　　在本书的写作过程中，得到重庆文理学院领导的关心和重庆市编制委员会办公室李博副处长、重庆文化艺术职业学院李佼老师、重庆青年职业技术学院李彦蓓老师的帮助，在此表示感谢。在本书完成过程中，笔者参考了一些文献资料，在此一并致谢！鉴于本人水平有限，书中难免存在疏漏之处，恳请读者批评指正。

重庆文理学院　李泽忠

2021 年 9 月于重庆

目录 CONTENTS

第一编 高校秘书工作综述

第一章 高校秘书分类、职责与工作观 ·················002
　　第一节　高校秘书分类与职责 ·················002
　　第二节　高校秘书工作观 ·················004

第二章 高校秘书工作方法 ·················018
　　第一节　工作方法概述 ·················018
　　第二节　高校秘书工作方法 ·················018

第二编 高校秘书文书写作工作

第三章 高校秘书文书写作概述 ·················029
　　第一节　高校秘书文书撰写基本要求 ·················029
　　第二节　高校秘书文书写作思维 ·················041
　　第三节　提高高校文书写作能力的途径 ·················044

第四章 高校秘书常用公文文书写作 ·················054
　　第一节　公文文书概述 ·················054
　　第二节　高校常用公文文书写作 ·················059

第五章 高校常用事务文书写作 ·················089
　　第一节　工作计划 ·················089
　　第二节　工作总结 ·················097

第三节　新闻 …………………………………… 109
　　第四节　规章制度 ……………………………… 111
　　第五节　高校章程 ……………………………… 117
　　第六节　讲话稿 ………………………………… 127

第六章　高校法务文书写作 ……………………………… 135
　　第一节　民事起诉状 …………………………… 138
　　第二节　答辩状 ………………………………… 143
　　第三节　民事上诉状 …………………………… 150
　　第四节　申请书 ………………………………… 155
　　第五节　代理词 ………………………………… 167

第三编　高校秘书日常管理事务工作

第七章　高校秘书文件管理工作 ………………………… 178
　　第一节　文件管理原则 ………………………… 178
　　第二节　文件管理方法 ………………………… 180

第八章　高校秘书考勤考核工作 ………………………… 183
　　第一节　高校秘书考勤考核工作概述 ………… 183
　　第二节　高校二级单位秘书考勤考核工作实务 …… 183

第九章　高校秘书会务工作 ……………………………… 186
　　第一节　会务工作概述 ………………………… 186
　　第二节　高校秘书会务工作实务 ……………… 186

第十章　高校秘书印章管理工作 ………………………… 194
　　第一节　高校印章管理原则 …………………… 194
　　第二节　高校印章管理实务工作 ……………… 196

第十一章　高校秘书公务接待工作 …………………199
　　第一节　高校接待工作原则 …………………………199
　　第二节　高校公务接待实务工作 ……………………202

第十二章　高校秘书档案管理工作 …………………206
　　第一节　高校秘书档案工作概述 ……………………206
　　第二节　高校档案依法利用 …………………………208
　　第三节　适应民法典时代高校应依法
　　　　　　建立健全特殊专项档案 ……………………210

第十三章　高校秘书师生证书管理工作 ……………215
　　第一节　高校师生证书概述 …………………………215
　　第二节　高校秘书师生证书管理实务工作 …………215
　　第三节　证书管理风险及对策 ………………………216

第十四章　高校秘书保密工作 ………………………219
　　第一节　高校秘书保密工作概述 ……………………219
　　第二节　高校秘书保密工作实务 ……………………219
　　第三节　高校秘书泄密风险及对策 …………………222

第十五章　高校秘书宣传工作 ………………………225
　　第一节　高校秘书宣传工作概述 ……………………225
　　第二节　高校秘书宣传工作实务 ……………………225
　　第三节　高校秘书宣传工作风险及对策建议 ………227

第十六章　高校秘书公务用车管理工作 ……………228
　　第一节　公务用车管理概述 …………………………228
　　第二节　公务用车管理实务工作 ……………………228

第十七章 高校秘书民事合同管理工作 ·················231
 第一节 高校秘书合同管理工作概述 ·················231
 第二节 高校秘书民事合同管理实务工作 ···········240
 第三节 合同管理风险及对策建议 ·····················246

第十八章 民法典时代高校特殊风险管控 ···········249
 第一节 民法典与高校 ·······································249
 第二节 文体活动风险及防治 ····························250
 第三节 性骚扰风险及防治 ································251
 第四节 高校管理区域高空抛物风险及防治 ········253

参考文献 ···256

高校秘书工作综述

第一编

第一章 高校秘书分类、职责与工作观

第一节 高校秘书分类与职责

一、高校秘书分类

办公室秘书这一职位,其工作内容覆盖面较大,同时所负责的事务较为庞杂,工作千头万绪,每一项工作都与全局有着密切的联系。

根据岗位职责和分工不同,高校秘书可以分为:文字秘书(简称文秘)、法务秘书(简称法秘)和事务秘书(简称事秘)。高校二级学院(含继续教育学院培训学院)、学生处、教务处和后勤管理处等内设单位的秘书同时具有文秘、法秘和事秘多种角色职能,履行文秘、法秘和事秘工作职责和工作任务。不同秘书角色履行不同岗位工作职责,相互配合协作,确保高校办公室工作正常运转和各项工作顺利开展。

二、高校秘书工作职责

(一)高校文字秘书主要职责

学校文字秘书主要负责学校文字工作,主要履行以下工作职责:

(1)草拟规章制度;

(2)负责学校公文处理工作;

(3)负责学校事务文书处理工作;

(4)负责文件管理工作;

(5)负责档案管理工作;

(6)负责保密工作;

(7)负责新闻报道等宣传工作;

(8)负责领导讲话稿撰写工作;

（9）其他文字相关工作。

（二）高校法务秘书主要职责

学校法务秘书主要负责学校法律服务工作，主要履行以下工作职责：

（1）负责民事合同管理工作，包括：合同草拟、审核、审批、签订、保管和解除等工作；

（2）负责学校劳动用工管理工作，包括：在岗在编教职工管理相关工作；在岗非在编教职工管理工作（含招聘录用；劳动合同草拟、签订、解除、终止、经济补偿金、加班费、休息休假等）；

（3）负责法务文书撰写工作；

（4）负责超龄员工管理相关工作；

（5）负责学校教职工工伤法务工作；

（6）依法依规办理其他法律服务工作。

（三）高校事务秘书主要职责

学校事务秘书主要负责事务工作，主要履行以下工作职责：

（1）负责教职工考勤考核相关工作；

（2）负责会务工作；

（3）负责印章管理工作；

（4）负责公务接待工作；

（5）负责证书管理相关工作；

（6）负责公务用车管理工作；

（7）负责其他事务工作。

（四）高校二级学院和内设单位办公室秘书工作职责

高校二级学院和内设单位办公室秘书扮演着文字秘书、法务秘书和事务秘书多种角色，承担和履行文字秘书、法务秘书和事务秘书的工作职责和工作任务。

第二节　高校秘书工作观

所谓秘书工作观，就是对于"秘书工作"总的认识、基本看法、基本主张，也可以说是工作观念、工作理念。笔者长期从事高校秘书和法务工作，对于秘书工作形成了独特的鲜明的工作观，现概述如下：

一、学习，树立学习观

21世纪是学习型社会，学习是人生终身需求。高校秘书不学习就要落后，不学习就要被淘汰。高校秘书岗位性质和秘书工作职责决定了学习是为了更好地满足工作需要，学习是一种责任和义务。强基固本树立终身学习理念，持续提升学习技能，不断丰富和更新自身知识库和知识理论体系，为秘书工作"高标准、高质量和高品质"顺利开展夯实知识基础和理论根基。

（1）有广度，做好"加试题"，树立全面学习观，培养"全才"秘书。随着高等教育的大发展，高校内部迫切需要具有全面的能力与素质的"全才"秘书，以辅助学校更好地开展工作，推动学校向更好的方向发展。根据工作需要，高校秘书既要学习《中华人民共和国民法典》（以下简称《民法典》）《中华人民共和国高等教育法》《中华人民共和国教师法》《中华人民共和国劳动法》（以下简称《劳动法》）《中华人民共和国劳动合同法》（以下简称《劳动合同法》）《中华人民共和国档案法》（以下简称《档案法》）等国家法律法规，又要学习《中国共产党章程》（2017年修改）、《中国共产党纪律处分条例》（2018年修订），还要学习《关于加强和改进新时代师德师风建设的意见》《教育部关于高校教师师德失范行为处理的指导意见》《新时代高校教师职业行为十项准则》等师德师风规范，更要学习《党政机关公务用车管理办法》《厉行节约反对浪费条例》《党政机关公文处理工作条例》（以下简称《公文处理工作条例》)等专业知识。

（2）有深度，做好"业务题"，树立专业化学习观，提升秘书"专业"能力。重点突出"文书写作""法律法规""宣传报道"等专业知识的探究探讨，术业有专攻，精益求精，业务精良，努力把自己培养成为业务专家。

（3）有选择，树立按需学习观。时间是有限的，人的精力亦不是无穷无尽。高校秘书要学习全社会全人类的全部知识是不现实亦是不可能的。高校秘书应以工作需求为中心，以工作问题为主线，按照提出问题、分析问题、解决问题的逻辑关系，带着问题学习、理解和探索知识，学以致用，不断提升工作水平和能力，不断提升工作质量和效率。

（4）有难度，树立创新学习观。古人云："为学患无疑，疑则有进。"学而无疑的人，永远是在重复别人的话。在学习的过程中，不拘泥于书本（不唯书），不迷信权威（不唯上），不墨守成规，大胆探索，别出心裁，积极地提出自己的新思想、新观点、新方法。

二、合法，树立守法观

合法性是检验和评价高校秘书工作的重要标准和尺度。高校秘书工作严格遵守法律法规是《中华人民共和国宪法》和法律赋予的法定义务，必须牢固树立严格遵守和执行法律、行政法规的观念。

高校秘书工作遵守和执行法律、行政法规和党内法规，确保工作合法性，体现在以下几个方面：

1. 民事合同管理工作

遵守和执行《民法典》。（详见第三编第十七章"高校秘书民事合同管理工作"。）

2. 劳动合同管理工作

遵守和执行《劳动合同法》等劳动法律法规。

3．档案管理工作

遵守和执行《档案法》法律。（详见第三篇第十二章"高校秘书档案管理工作"。）

4．教职工考核工作

遵守和执行《事业单位人事管理条例》相关法规。（详见第三编第八章"高校秘书考勤考核工作"。）

5．公务接待工作

遵守和执行《党政机关国内公务接待管理规定》（中办发〔2013〕22号）党内法规。

6．公文写作工作

遵守和执行《公文处理工作条例》党内法规。

三、原则，树立坚持原则观

（一）实事求是原则

高校秘书工作必须坚持尊重事实、尊重客观真相，不捏造不伪造事实，要全面、客观、如实地反映情况。不要随心所欲夸大或缩小，不能摒弃"实事求是"这条准绳。

实事求是原则体现在以下几个方面：

（1）新闻报道必须客观真实。真实性是新闻报道的本质特征和灵魂，包括：时间、地点、人物、事由、结果等方面都是事实，不夸张，不缩放，不篡改。

（2）档案材料必须是真实的历史记载。包括：教职工人事档案、学生毕业档案、合同档案、文件档案等档案材料都必须"真实，有据可查"。

（3）证明材料证明证实的内容必须是真实的。如：教职工购房开具的《工作收入证明》；学生毕业证书丢失学校出具的《学历证明书》；教职工发展党员党支部开具的《政审材料》等材料。

（二）信息公开原则

高校秘书依法依规向师生、服务对象、监督管理部门及社会等公开学校相关信息，主动接受监督。公开原则体现在以下几个方面：

1. 依法依规主动公开的信息

（1）高校应依据《公共企事业单位信息公开规定制定办法》（国办发〔2020〕50号）、《高等学校信息公开办法》第七条、第十一条等规定，主动公开的信息包括：学校名称、办学地点、办学性质、办学宗旨、办学规模、机构设置、学校领导等基本情况；毕业生就业指导与服务情况等信息。公开方式：学校官网、校报校刊、《招生简章》等。

（2）学校内设院（系）、部门秘书亦应依据《公共企事业单位信息公开规定制定办法》《高等学校信息公开办法》第七条、第十一条等规定，主动公开的信息包括：院（系）、部门简介、历任领导、现任领导、师资队伍、学科科研、人才培养、成人教育、自学考试、招生就业等信息。

2. 坚持党务公开

依据《关于中国共产党党费收缴、使用和管理的规定》（中组发〔2008〕3号）第二十六条要求，公开党费收缴、使用和管理的情况。

（三）保密原则

高校秘书在工作中知悉的党的秘密、国家秘密、学校秘密以及师生个人信息和隐私秘密，应采取严格的保密措施，依法依规保守直至解密为止，不得泄露。

（详见第三编第十四章"高校秘书保密工作"。）

（四）禁令不为原则

高校秘书依法依规履职尽责是义不容辞的"法条"，不得任性妄为，必须严格遵守"禁令禁止"，即不作为义务。

禁令不为原则主要体现在以下几个方面：

（1）法律法规禁令不可为。我国高校教职工因身份、职务和角色不同履行不同的法律法规和规章规定的"消极义务"即"不作为义务"，往往以"不得、禁止或严禁"规定"禁令行为"。例如：作为教师不得体罚、侮辱学生等禁令；作为驾驶员不得有酒驾、醉酒等违法违章行为；作为民间借贷合同当事人，不得高利借贷；对于学校办公桌椅、电脑等，作为国有资产管理者和使用者不得毁损或盗窃；教职工作为公民，不得损害国家声誉和国家利益等。

（2）师德师风禁令不可为。《新时代高校教师职业行为十项准则》（教师〔2018〕16号）是高校教职工职业道德规范，规定了许多禁令禁区，不得逾越。

四、纪律，树立严守纪律观

高校秘书严肃和遵守纪律，主要体现在以下几方面：

（一）严守党纪

高校（党员）秘书必须严肃党的纪律，按照《中国共产党纪律处分条例》（2018年修订）的要求，把纪律放在前面，党纪面前一律平等，严格遵守和执行党的政治纪律、组织纪律、廉洁纪律、群众纪律、工作纪律、生活纪律。

（二）严守政纪

政纪是指政府和行政机关制定的要求行政机关、事业单位及公职人员必须遵守的规范和准则。高校秘书工作须遵守和执行政纪相关规定。如：在高校教学评估工作中须遵守《教育部高等教育教学评估中心关于严肃评估纪律进一步提高评建工作实效的通知》（教高评中心〔2007〕2号）、《教育部办公厅关于进一步加强高等学校教学评估工作纪律的通知》（教高厅〔2004〕

17号）规定。在学校招考工作中须执行《人力资源和社会保障部关于印发人事考试工作人员纪律规定的通知》（人社部发〔2013〕36号）等规定。在学校教职工受行政纪律处分工资待遇问题时须执行《人事部关于国家机关工勤人员和事业单位工作人员受行政纪律处分工资问题处理意见的通知》（人发〔1999〕135号）规定。

（三）严守学校工作纪律

学校工作纪律是学校制定和实施的要求教职工在工作中须遵守和执行的工作规范和准则。学校工作纪律主要表现形式是：规章制度，包括：上下班制度、考勤考核制度等。

（四）严守保密纪律

高校秘书须增强保密意识，在工作中严守保密纪律，严格执行《中共中央保密委员会办公室、国家保密局关于进一步加强国家统一考试保密管理工作的通知》（中保办（局）发〔2002〕3号）、《教育部办公厅关于做好2007年普通高等学校招生全国统一考试安全保密和考务管理工作的通知》（教考试厅〔2007〕1号）等党内法规和政府规章。

五、审批，树立审批观

审批制度是学校校长和学校党委行使权力和履行职责的表现形式，高校秘书应做好以下几方面工作：

（一）请假审批

学校教职工和领导在工作期间因事因病不能坚持上班时执行请假制度，待请假批准后方能离开工作岗位。当领导因事因病不能工作时，高校事务秘书须按照学校和上级主管部门请假规定，为领导办理请假和销假手续。

（二）用印审批

报告、请示等材料需要使用学校或学校内设二级单位印章时，须按照学校印章管理办法，履行审批程序，严禁擅自用印。

（三）合同审批

学校民事合同（含培训合同、合作办学合同）、劳动合同等须经学校校长签字并加盖学校公章始有效。学校或学校内设二级单位秘书须按照学校合同管理有关规定，履行合同签字审批程序，待签字程序履行完毕时，方能加盖学校公章。

（四）请示审批

请示是学校向上级机关请求指示、批准的事项。办理请示公文是学校秘书的重要工作任务。学校秘书须按照学校有关规定，履行审批手续。学校党委向上级党组织请求指示、批准的事项，须经学校党委书记签字同意，并加盖学校党委印章；学校行政向上级主管部门请求指示、批准的事项，须经学校校长签字同意，并加盖学校行政印章。

六、安全，树立安全观

抗实安全责任、履行安全义务是高校秘书重要工作职责和法定义务。高校秘书在安全方面需做好以下几方面工作：

（一）数据安全

高校秘书在办理和处理学校《继续教育发展报告》《招生工作总结》《本科教学工作审核评估整改报告》《国际科技合作基地建设方案》《科研结题报告》等公文和事务文书工作中，会涉及许多数据，这些数据可能涉及国民经济和社会发展中的秘密事项、科学技术中的秘密事项等秘密，应依法依规加强风险监测，采取相应的技术措施和其他必要措施，保障数据安全。（依据《中华人民共和国数据安全法》第二十七条、第二十九条规定。)

（二）文件安全

高校秘书在经办和保管学校红头文件和上级文件工作中，文件原件和文件内容安全尤为重要。这些文件仅限于学校内部工作使用，不对外公开，涉密文件应严格按照保密文件有关规定管理。

（三）公务接待饮食安全

公务接待依照《党政机关国内公务接待管理规定》等规定，安排自行用餐或学校安排工作餐，须特别重视并确保餐饮安全，严禁使用假冒伪劣食品，严格规范操作，严防食物中毒或传染病发生。

（四）公务接待交通安全

公务用车依照《党政机关国内公务接待管理规定》等规定，严禁私车公用，严禁酒驾、醉驾、毒驾，严禁违章驾驶，确保公务用车人身安全和财产安全。

七、服从，树立服从观

（一）服从实事

事实是高校秘书工作基础，尊重事实是秘书基本素养。高校秘书工作应尊重和服从事实。如撰写学校年度工作总结是对过去发生的事实的描述和提炼，严禁弄虚作假等。

（二）服从法律

服从法律就是遵守和执行法律法规，崇尚法律至上，树立法律权威，以法律为准绳，依法办事。高校秘书经办公文要遵照和执行《党政机关公文处理工作条例》《中华人民共和国保守国家秘密法》等党内法规和国家法律；高校秘书经办《民事起诉状》《民事上诉状》等诉讼文书要遵守和执行《中华人民共和国民事诉讼法》等法律规定。

八、服务，树立服务观

高校秘书服务工作主要体现在以下几方面：

（一）为领导服务

高校秘书是领导的参谋和助手，为领导服务、服务好领导是秘书的第一要务。主要包括：

（1）秘书的工作特点是参而不决、谋而不断，当好参谋员，出谋划策，为领导解决重大复杂疑难问题提出对策和方案；

（2）当好责任员，勇挑重担，勇于担责，雪中送炭，为领导分忧解难；

（3）当好执行员，坚决不折不扣执行领导的批示、意见和领导集体决定、决议等；

（4）当好情报员。经常深入基层、深入第一线，与教职工心连心，建立血肉信任关系，查清民情，了解民意，为领导决策提供参考信息；

（5）当好办事员，一丝不苟高效完成领导交办的事情。

（二）为师生服务

服务于师生是高校秘书重要工作任务，主要包括：

（1）告知服务。关于招生就业、教学教育、考试考证、证书办理、考勤考核、职称评审等关系到师生切身利益的文件（含通知）要及时告知相关师生，避免迟延告知或告知不清楚不到位给师生造成不可挽救的损失；

（2）师生诉求反映服务。师生的困难、困惑、民意民生、诉请诉求、意见建议等要及时向领导汇报报告；

（3）回复和反馈服务。领导关于师生的意见和建议的批示要及时回复给相关师生，并做好解释工作。

（三）为客人服务

高校秘书接待工作中，为合作办学单位、兄弟单位、校友等客人、贵宾提供优质服务。主要包括：

（1）热情服务。笑迎客人，热心助人，百问不烦，笑脸答复；

（2）暖心服务。急客人之所急，想客人之所想。冬天为客人送去一杯热茶，让客人暖暖胃，夏天为客人提供一杯冷饮，为客人解暑解渴；

（3）便捷服务。为客人办事，在原则范围内急事急办，特事快办，让客人只跑一次路就能把事情办好，让客人满意。

九、风险，树立控制风险观

法治时代，控制风险、创造价值已成为高校秘书工作重点和难点。

（一）识别和评估合同风险，避免学校损失

学校签订的民事合同、劳动合同等合同，不同合同适用的法律法规是不同的，合同风险亦是不同的，管控对策亦有所差别。

本书仅以重庆市普通高等学校《成人高等教育合作办学合同》为例来研讨合同风险问题。成人高等教育办学模式有：自主办学模式（即高校自行独立办学）、合作办学模式。合作方一般是：高职、高职院校、中职校。合作办学模式充分发挥了高校优势教育资源共享共用，合作双方互利互惠，高校在校外合作方设立"函授站"，依照双方签订的《成人高等教育合作办学合同》约定，享受权利，承担义务。但合作办学是有办学风险的，其风险是可防可控的。

1. 普通高等学校成人高等教育合作办学主要风险

（1）招生违规宣传，误导考生风险。合同对方当事人因利益驱使，为了扩大招生生源，多招生招好生，常常以"全日制""脱产"等方式违规宣传，误导考生报考，存在考生投诉和信访潜在风险。依据《教育部关于加强成人高等教育招生和办学秩序管理的通知》（教发〔2007〕23号）规定，我国普通高等学校成人高等教育已取消"脱产"办学，办学形式是业余形式并非全日制。

（2）成人高等教育招生考试替考代考风险。因成人高等教育招生考试是国家级考试，依据《中华人民共和国刑法修正案（九）》规定，替考代考已涉嫌违法犯罪，高校可能面临被追究行政责任和承担法律责任风险。

（3）因某一专业招生学生少不能正常开班风险。

2. 防范成人高等教育合作办学风险管控对策

（1）实行三个统一和一个唯一，确保招生宣传规范合规。严格遵照和执行渝教招考〔2012〕2号和渝教招考〔2012〕8号文件规定，实行三个统一（主办学校统一制作《招生简章》；统一招生宣传；统一招生录取），一个唯一（即主办学校是招生工作的唯一合法主体），保证招生宣传合法合规。

（2）提前告知，与考生签订《告知书》，实行阳光招生。高校在《告知书》中明确告诉考生：办学形式（业余）、学制、专业、学费标准、层次（专科或本科）等信息，让考生明明白白、清清楚楚。

（3）多措并举，严防成人高等教育招生考试替考代考等风险发生。

（二）依照法律法规规定，科学辨别和评审学校规章制度风险

我国高校是事业组织（亦称事业单位），应遵守和执行《劳

动法》(依据《劳动法》第二条规定)。高校依据《劳动法》第四条、《劳动合同法》第四条规定,有权制定和实施劳动规章制度,但劳动规章制度必须合法,包括内容合法和程序合法。

高校规章制度违法包括内容违法和程序违法。规章制度违法风险:一是学校依法受到行政处罚。劳动行政部门给予警告,责令改正(依据《劳动法》第八十九条);二是依据《劳动法》第八十九条规定,对劳动者造成损害的,应当承担赔偿责任。

1. 规章制度内容违法风险

(1)规章制度内容违法是指规章制度条款规定违反法律、法规的规定,与我国现行生效的法律法规规定矛盾或冲突。

(2)规章制度内容违法风险

规章制度内容违法的依法应认定内容为无效,依法还应承担法律责任。如:学校规章制度规定"教职工每天工作时间为10小时,每周工作6天。必要时学校可以不征求教职工意见安排教职工每天加班3小时;学校新进教职工试用期1年,试用期不签订劳动合同"。学校上述规章制度违反了我国劳动法律法规规定,违法性表现在:一是每天工作时间10小时违法,违反《劳动法》第三十六条规定。二是加班未征求教职工意见且每天加班3小时违法,违反《劳动法》第四十一条规定。加班时间违法的风险是:依据《劳动法》第九十条规定,高校承担责令改正,并可以被罚款的行政处罚责任。三是试用期1年违法,试用期不签订劳动合同违法。依据《劳动合同法》第八十二条规定,应向教职工支付两倍的工资。

2. 规章制度程序违法风险

(1)规章制度程序违法是指规章制度制定未依法履行法律规定的程序。

(2)规章制度程序违法风险。

规章制度程序违法,规章制度对劳动者不具有法律效力。"民主协商，废除霸王条款"是《劳动合同法》突出的亮点之一。依据《劳动合同法》第四条规定，高校在制定涉及劳动者切身利益的规章制度或者重大事项时应履行"职工协商讨论程序、工会监督程序、公示或告知程序"，规章制度方能有效。

（3）高校规章制度制定、修改程序违法将承担败诉风险。

司法实践中，人民法院特别重视和强调用人单位在制定直接涉及劳动者切身利益的规章制度的程序合法性问题。如果用人单位不能举证证明规章制度程序合法，根据《中华人民共和国民事诉讼法》有关规定，法院判决用人单位承担不利法律后果，承担败诉风险。

十、创新，树立创新观

（一）解放思想，观点创新

秘书工作观点创新主要体现在：

（1）有选择，树立按需学习观；

（2）信息公开原则；

（3）数据安全；

（4）树立控制风险观等。

（详见第一编第一章"高校秘书分类、职责与工作观"。）

（二）改进方法，方法创新

秘书工作方法创新主要体现在：

（1）优先工作方法；

（2）分类管理法；

（3）应用表格法；

（4）评估方法；

（5）应用工具法等。

（详见第一编第二章"高校秘书工作方法"。）

（三）完善制度，制度创新

秘书工作制度创新主要体现在：

（1）建立健全防性骚扰档案管理制度（详见第三编第十二章"高校秘书档案管理工作"）；

（2）建立健全档案依法利用制度（详见第三编第十二章"高校秘书档案管理工作"）；

（3）建立健全宣传报道合法性评估制度，防止宣传报道违法侵权（详见第三编第十五章"高校秘书宣传工作"）。

第二章 高校秘书工作方法

第一节 工作方法概述

俗话说："劈柴不照纹，累死劈柴人""事半功倍""四两拨千斤"。这些名言名句寓意深刻，说明了正确的工作方法的重要性。正确的工作方法不是生来就能掌握的，而是在日常工作的生动实践中学习积累下来的。笔者从事高校办公室和秘书工作二十年，通过多年实践摸索、探索，向高校秘书同行、大师和名师学习，不断总结经验与教训，不断总结工作得与失，提出了"计划工作方法、优先工作方法、分类管理法、编制方案法、评估方法"等十大工作方法。正确的工作方法有利于提高秘书工作效率和工作质量，避免无效劳动，确保"第一次把工作做好"。

第二节 高校秘书工作方法

一、计划工作方法

（一）计划工作方法含义

计划工作方法简而言之是预先安排将来做什么事的方法。凡事预则立，不预则废。美国政治家、物理学家富兰克林曾说："我总认为一个能力很一般的人，如果有个好计划是会有所作为的。"孙武曰："用兵之道，以计为首。"做事无计划，急时无头绪。秘书工作要避免盲目性和被动性。特别是新任秘书，未从事过秘书工作，工作经验不足，不知道秘书工作从何处入手，做什么？怎么做？从而无所事事，被动消极应付。计划工作方法确保了秘书工作有的放矢，有效开展。工作任务和时间安排明确，保证了工作有序顺利开展，有利于提升工作效率。

（二）计划工作方法在秘书工作中的应用

（1）确定工作安排周期，以每周为周期安排工作，把秘书工作安排到每周每天，这样每天做什么，每周做什么，一目了然，心中有数。

（2）明确周工作任务和工作总量。可以通过查询学校"周会议（活动）及工作安排""通知公告"和学校公文系统等学校官网上公布的信息，明确学校每周每日工作任务和工作安排，明确学校每周工作总量和应完成的工作任务。

（3）依据学校每周工作任务，结合部门实际，合理安排部门周工作任务，并落实到每日，进而明确每日工作任务。

（4）编制周工作安排表，并张贴在醒目位置。

二、优先工作方法

（一）优先工作方法含义

优先工作方法是指依据学校工作任务性质、重要或紧急程度等因素，按照先后顺序安排和完成工作任务的方法。办理的基本顺序是：先办重要而紧迫的事；次办重要但不紧迫的事或紧迫但不重要的事；一般性事务和可以暂缓的事，则放在时间比较充裕的时候办理。

优先工作方法善于抓住主要矛盾，突出了重要工作任务优先安排和优先完成；抓住了时效性，突出了紧急或特急任务及时完成，避免因时效逾期给学校造成损失。

（二）优先工作方法在秘书工作中的应用

（1）学校上级部门规定的事情优先办理。根据我国高校管理体制机制，教育行政部门、人力资源和社会保障部门、财政部门等行政机关在各自职权范围内行使管理高校的职权，这些行政机关部署的工作任务，学校要优先优质完成，绝不能有丝毫马虎和懈怠。

（2）领导交办的任务优先办理。优先完成领导布置和吩咐的任务是高校秘书工作惯例，亦是服从和尊重领导的具体体现。高校秘书应树立"领导交办的事情无小事"观念，领导交办的事情或任务一般都是"大事情，重要事情"，秘书须优先优质高效完成。

（3）紧急或加急事情优先办理。主要表现在：一是紧急公文优先办理。高效秘书优先办理紧急公文时应注意提醒领导早批示，提醒经办人员早完成。二是师生急事、重要事情优先办理。教职工科研立项、职称评审等需要秘书提供相关文件的立即提供，对需要加盖学院印章的立即报送领导批准后用印；学生报考公务员、事业编制等需要领取毕业证书、学位证书和档案，无论是工作日还是休息日均应紧急办理，不能耽误学生报考。

（4）时效限制的事情优先办理。主要表现在：一是在文件中明确规定了完成工作任务时间的，应在规定的时间内提前完成；二是法律明确规定须在规定的时间内完成，逾期则丧失权利或承担法律责任的，必须按时完成。

三、分类管理法

（一）分类管理法含义

分类管理法是指按照时间、组织机构、工作类别、法律关系等标准，对文件、合同和证书工作进行分类管理的方法。分类管理法保证了开展工作思路清晰，避免了工作杂乱无章，避免了工作乱中出错和工作失误；有利于开展文件、合同和证书的登记、查询查找、统计和发放工作，提高了工作效率。

（二）分类管理法在秘书工作中的应用

1．文件分类管理

（1）党政分类法；

（2）年度分类法；

（3）保密与非保密分类法；

（4）校内和校外分类法。

（详见：第三编第七章"高校秘书文件管理工作"）。

2．合同分类管理

按照合同法律关系性质不同，高校合同可以分为：民事合同、聘用合同和劳动合同。

（1）民事合同。

民事合同是指民事主体（自然人、法人和非法人组织）之间设立、变更、终止民事法律关系的协议。

高校常用合同有八个，包括：有名合同六个（买卖合同、借款合同、保证合同、租赁合同、建设工程合同和物业服务合同），无名合同两个（联合办学合同、培训合同）。

（详见：第三编第十七章"高校秘书民事合同管理工作"）。

（2）聘用合同。

聘用合同是指高校依据《事业单位人事管理条例》有关规定，学校与在编在岗工作人员之间设立、变更、终止人事关系的协议。

（3）劳动合同。

劳动合同是指高校依照劳动法法律有关规定，学校与劳动者（在岗非在编工作人员）之间订立、履行、变更、解除或者终止劳动关系的协议。

3．证书分类管理

（1）教职工证书管理。高校秘书在履行教职工职称评审、评优评先、课题申报等工作中，按照有关规定，负责毕业证书、硕士证书、获奖证书等收取、核实、报送和发放等管理工作。

（2）学生证书管理。高校内设二级单位秘书还承担学生成人高等教育和自学考试毕业证书和学位证书的接受、登记、发放和保管工作。

四、应用表格法

（一）应用表格法含义

应用表格法是指高校秘书应用 Excel 办公软件采取表格的表达方式完成工作任务的方法。应用表格法有利于提升工作效果，有利于体现层次感强、表达清晰的视觉效果，有利于复杂问题简单化表达，便于使用者阅读和理解。

（二）应用表格法在高校秘书工作中的应用

（1）编制学校或学校内设二级单位周会议（活动）及工作安排表。主要内容包括：日期、时间、会议及活动安排、地点、主持人、参加者、负责（协调）单位等内容。

（2）编制学校或学校内设二级单位教职工通讯录。主要内容包括：姓名、性别、职务、办公室编号、办公电话等内容。

（3）编制档案目录清单。主要内容包括：部门、时间、名称、分类、档号、保管期限、页码等项目。

（4）编制部门经济合同台账。主要包括：合同名称、对方名称、签订时间、主要内容、合同金额、结算金额、累计付款金额、未付金额等项目。

（5）证书、档案等发放登记表。

五、编制方案法

（一）编制方案法

编制方案法是指学校对于拟开展的重大活动、重大任务和重要事项等预先编制《工作方案》，在《工作方案》中明确"组织领导、工作机构、目标任务、工作任务、保障措施、进度安排"等方面做出规定，确保该项工作按照《工作方案》有序推进，顺利开展。

（二）编制方案法在高校秘书工作中的应用

（1）《学校招生宣传工作方案》，主要内容包括：指导思想；工作思路；工作机构及职责；工作任务及进度安排；工作纪律及工作要求等。

（2）《学校新冠病毒疫苗接种工作方案》，主要内容包括：组织机构；工作安排；工作要求等。

（3）《学校绿色学校创建行动方案》，主要内容包括：工作目标；工作原则；领导小组及工作职责；创建内容；工作任务及进度安排等。

（4）《学校"安全生产月"活动方案》，主要内容包括：指导思想；领导小组及职责；活动主题；活动内容；活动时间及进度安排；活动要求等。

（5）《学校生活垃圾分类实施方案》，主要内容包括：指导思想；工作目标；领导小组及职责；工作任务及进度安排；工作要求等。

（6）学校其他工作方案：如：学校宣传工作实施方案；学校成人高等教育和高等教育自学考试招生工作实施方案等。

六、团队工作法

（一）团队工作法含义

团队工作法是与个人工作法相对称而言的，学校重大活动、重大任务和重要事项等重大工作"单兵单将""单打独斗"是不能顺利完成的。团队工作法有利于发挥团队智慧和力量，顺利推进和完成重大工作任务。

（二）团队工作法在高校秘书工作中的应用

（1）承办大型工作会议。承办会议是办公室及秘书的工作职责和工作任务。但承办学校大型会议单靠办公室及秘书是不可能完成的，需要相关部门和工作人员一起参与，发挥整体优势和团队作用，从而圆满完成大型会议工作任务。如：学校召开成人高等教育招生和教学工作会议（以下简称学校成教招生和教学工作会）。学校成教招生和教学工作会一般由学校承担继续教育工作机构（如继续教育学院）负责承办。承办学校成教招生和教学工作会，参加会议人员一般包括：合作办学各方学校校领导、校外合作办学单位的领导和工作人员。这样的大型会议需要继续教育学院（培训学院）各科室共同负责承办。

（2）承办重大活动。如：校庆庆祝活动、教职工运动会等大型活动。这些大型活动参加单位和参加人员众多，时间较长，特别需要相关部门和教职工集体参加，众志成城，形成合力，从而圆满完成各项工作任务。

七、规范法

（一）规范法含义

规范法是指秘书履行办理文件、公务接待等工作职责必须遵守和执行国家的规定、标准和要求的方法。规范法有利于提升秘书工作的合法性和合规性，增强秘书工作的有效性，杜绝和防止无效劳动。

（二）规范法在高校秘书工作中的应用

1. 办理公文文书的规矩和标准

高校秘书工作最重要、最难、最复杂的工作就是办理公文文书，必须遵照的规定和标准是《党政机关公文处理工作条例》，公文的版式按照《党政机关公文格式》国家标准执行。在《公文处理工作条例》第四章专章中规定了公文的行文规则。主要行文规则有：一，必要性原则。权威性是公文的重要特点，公文要少而精，公文是针对重大、重要和关键的事项而颁发的规范性文件。二，职权法定原则，不得任性发文。三，文种精准正确，不得误用。

2．公务接待的规定和标准是《党政机关国内公务接待管理规定》

（详见：第三编第十一章"高校秘书公务接待工作"）。

八、评估方法

（一）评估方法

评估方法是指对合同、宣传等存在潜在风险的工作进行合法性评估的方法。评估方法确保了工作的合法性，规避了工作的风险性，体现了秘书工作控制风险和创造价值的功效。

（二）评估方法在秘书工作中的应用

1．合同合法性审查

合同合法性审查是秘书合同管理工作的最关键环节和最重要工作任务。只有合法的合同依法发生法律效力，双方当事人按照合同约定全面履行合同义务。合法性审查是防止合同无效的前置程序和重要手段，防止了因合同无效给学校造成的损失。

（详见：第三编第十七章"高校秘书民事合同管理工作"）。

2．宣传工作合法性评估

秘书承担宣传工作职责，在高校竞争日趋激烈的当代，搞好宣传工作对于提升学校地位，提升学校影响力，打造学校品牌效应，增强学校竞争力，具有重要意义。诋毁或过度夸大或虚假宣传可能涉嫌侵权，宣传工作合法性评估势在必行。

（详见：第三编第十五章"高校秘书宣传工作"）。

九、应用工具法

(一)应用工具法含义

应用工具法是指利用 Excel 办公软件、Word、QQ 群、微信群等工具,协助秘书履行工作职责、完成工作任务。应用工具法有利于节省工作时间,极大地提高工作效率和工作质量。

(二)应用工具法在秘书工作中的运用

(1)秘书文书写作,可以利用 Word 办公软件中的工具协助秘书来完成许多辅助性工作任务。如:利用"审阅"工具中的"拼写和语法""字数统计"工具,可以协助秘书检查已撰写的文书中的"错别字词"等,"字数统计"工具可以帮助秘书统计已撰写的文书"字数"(含页数、字数、段落数和行数等),在"字数"有限制性的文书写作中大有益处。利用"替换"工具可以把错误文字替换为正确文字,极大地节约了工作时间,亦提高了准确率;利用"插入"工具,可以根据文书撰写需要插入"表格""图表""页眉""页脚""页码""公式"和"特殊符号"等。

(2)利用 Excel 工具,制作表格式文书材料。教职工通讯录、经济合同台账、档案归档目录、财务报表、招生计划等文书材料,可以利用 Excel 工具协助完成。如:利用"自动求和"工具来计算数字"总量",又快又准,避免了人为计算失误和错误;利用"填充"工具可以对表格中"相同的数字"进行"填充",可提高工作效率等。

(3)利用 QQ 群、微信群有利于秘书迅速完成工作。会议通知可以直接发到单位 QQ 群、微信群,既节约了办公电话费,又避免了办公电话只能单个人通知的弊端。紧急事项,利用单位 QQ 群、微信群发布,教职工能及时周知或更快地办理。

十、范本指导法

（一）范本指导法含义

范本指导法是指秘书参考国家有关机关或部门已发布实施的范本模板，完成相关联秘书工作任务的方法。范本模板是示范的统一适用的模板，要求遵照和执行。

（二）范本指导法在秘书工作中的应用

（1）《劳动合同》范本，秘书参考该范本与学校教职工签订《劳动合同》。2019年11月25日人力资源社会保障部发布了《关于发布劳动合同示范文本的说明》（以下简称《说明》）。《说明》公布了《劳动合同（通用）》和《劳动合同（劳务派遣）》示范文本，供用人单位和劳动者签订劳动合同时参考。《劳动合同（通用）》范本包括十个方面，共计二十五条。十个方面包括：劳动合同期限（第一条）；工作内容和工作地点（第二条）；工作时间和休息休假（第三条至第五条）；劳动报酬（第六条至第八条）；社会保险和福利待遇（第九条至第十一条）；职业培训和劳动保护（第十二条至第十四条）；劳动合同的变更、解除、终止（第十五条至第十八条）；双方约定事项（第十九条至第二十一条）；劳动争议处理（第二十二条）；其他（第二十三条至第二十五条）。

（2）诉讼文书式样，秘书参考最高人民法院发布的式样撰写诉讼文书。高校秘书在办理教职工与学校劳动合同纠纷、人身伤害赔偿纠纷等法务工作中，需要按照法律规定，撰写《起诉状》《答辩状》《上诉状》等法律文书。高校秘书在撰写这些法律文书时必须遵守和执行最高人民法院发布实施的诉讼文书式样，诉讼文书不符合式样要求法院则不予立案或不予受理。如：撰写《民事答辩状》参考的式样是最高人民法院于2016年9月28日发布的《民事答辩状（法人或者其他组织对民事起诉提出答辩用）》。

高校秘书文书写作工作

第三章　高校秘书文书写作概述

第一节　高校秘书文书撰写基本要求

文字表达能力是文秘人员的基本功,优秀的文字秘书相当于一个单位的"笔杆子"。

高校公文文书和事务文书(以下简称文书)撰写是秘书工作的重点和难点,文书撰写要求是"高标准、高效率、高质量",必须精准把握文书写作的四要素:语言(写作"细胞")、主旨(写作"灵魂")、材料(写作"血肉")和结构(写作"骨骼")。

一、语言基本要求

(一)准确

文书要求能够把国家政策法规、领导意图准确无误地传递给受众,将作者所要表达的理论和观点精准地表达出来。准确性是公文写作语言的最基本的、第一位的要求。

所谓准确,"准"就是"精准精确","确"就是"正确确实"。准确是文书的生命和质量。

具体要求:

1．时间(时期)准确

在秘书写作实务工作中的应用如下:

(1)会议通知,会议召开的时间应准确到何年何月何日何时何分(如:2021年6月18日09:00—10:30)。会议时间不准确,可能导致参加会议的人员迟到或早到现象发生,影响会议正常召开。

(2)重大事故报告。当学校发生安全生产事故向上级报告时,事故发生的时间应准确到何年何月何日何时何分(如:2021年5

月 15 日 16：44）。事故发生的时间不准确不正确，将会影响依法及时报告。

（3）起始时间（日期）准确是指准确计算权利的时间节点。如：学校《民事上诉状》依据《民事诉讼法》第一百六十四条规定，向上级法院提交的时间期限是学校签收一审判决书之日起 15 日内，否则丧失上诉权，一审法院判决书生效。

（4）起始时间（日期）准确是准确计算学校履行报告义务的时间节点的依据。当学校发生安全生产事故需要依法及时报告，否则将面临处罚。

2．地点（场所）准确

在秘书写作实务工作中的应用如下：

（1）会议通知，会议召开的地点应准确到具体的房间（如：学校办公大楼四楼 406 号房间）。会议地点（场所）不准确会导致参加会议的人员找错或找不到开会地点，影响会议正常召开。

（2）重大事故报告。如当学校发生事故向上级报告时，事故发生的地点（场所）应准确到具体的地点（场所），如：学校教学楼五楼 511 教室。事故发生的地点（场所）将影响事故责任者的定性或处罚。

3．数据（数字）准确

在秘书写作实务工作中的应用如下：

（1）在《请示》《报告》等文书中相关数据必须准确无误，数据不准确将会影响上级决策或情况判断。比如：重庆市教育委员会要求主管的高校每年要提交《高等学历继续教育校外站点的自查报告》，该报告中涉及高校在校外办学的专业数据、招生和录取人数、收费标准等数据，这些数据必须精准正确。

（2）数据（数字）是否准确将影响事故性质和等级。当高校发生安全生产事故时，在向有关部门报告时伤亡人数或直接经济损失的数据必须准确，谎报或者瞒报事故的将依据《生产安全事故报告和调查处理条例》第三十六条第一款第一项规定，实行"双罚制"，即对高校处以罚款，对高校主要负责人、直接负责的主管人员和其他直接责任人员处以罚款。构成犯罪的，依法追究刑事责任。

4．人物准确

在秘书写作实务工作中的应用如下：

（1）会议通知中参加会议的人员文字表达准确无异议。如："学校召开党风廉政会议，参加会议人员：学校党委书记、学校纪委书记、校长、纪检委员。"这里的"纪检委员"的表达是不精准的，因为学校纪检委员包括三类人员：第一类是学校党委纪检委员；第二类是学校二级单位党总支纪检委员；第三类基层党支部纪检委员。因此，该会议通知中的纪检委员应该具体明确。

（2）学校《决定》中涉及的师生姓名应准确无误，同姓同名的还应标注年级、专业、班级。如：学校《关于授予2021届本科毕业生学士学位的决定》《关于表彰2021届校级优秀毕业生的决定》《关于授予2020届成人高等教育及高等教育自学考试本科毕业学生学士学位的决定》等文件，这些学校文件中相关人物姓名、文件草拟人、审核人要反复核对核实，做到绝对准确。如果姓名错误将影响师生今后就业、职称评定、公务员考试等。

5．性质定性准确

（1）根据身份，定性违纪行为性质。

（2）根据年龄，定性违法与犯罪行为的性质。一是根据实施侵害行为人的年龄，定性违法或犯罪行为的性质。二是根据受害人的年龄，定性侵权行为的性质。

6．语言文字表达精准准确，不产生歧义多义

（详见：第三编第十七章"高校秘书民事合同管理工作"第二节"高校秘书民事合同管理实务工作"。）

7. 正确使用模糊语言

从一般规律上说，模糊是绝对的，精确是相对的。准确的表述既有赖于精确的词语，同时也离不开模糊词语。所谓模糊语言即外延小而内涵大的语言，例如"通过这次师德师风警示活动，广大教职工受到了深刻教育"，其中的"广大"即为模糊语言，具有不定指性，其表量是模糊的，但表意却是准确的，这是模糊语言的基本特性。如果将其改为"全体教职工1200余人都受到了深刻教育"，反而不够准确，也难以令人信服。

模糊语言在文书写作中的运用，有以下几种情况：

（1）模糊时间词语。这些词语都只表达了一个大概的时间范围。在没有必要、无法精确确定具体时间的情形，恰当使用迷糊语言。如："近期""近来""近日""过去""未来"等。

（2）模糊数量词语。这些表示不确定数量的词语，用在文书中表示对事物的一种基本定量分析。由于所表示数量是不确定的，因而带有委婉的色彩。常用的有"个别部门""部分教职工""某些单位或个人""存在不少问题""造成事故的原因很多"等。

（3）模糊形容词。这些词所表示的事物行为的程度、性质、状态都具有模糊性。常用的有"从严从重从快""情节特别严重""损失特别巨大""基本上是成功的""质量是好的""取得了一定的成绩"等。

此外，表示地点。常用的有"海边""路边""中间""南边""高铁站附近"等；表示主观评价，常用的有"好人""极不满意""优秀""好同志"等；表示频率，常用的有"常见""经常出入""反反复复""反复无常"等；表示条件，常用的有"连续3年获得年度考核优秀者""视其工作表现""取得博士学位后""在不违背原则情况下""具有下列情形之一的""确因经济困难"等。

（二）简洁

1．总体要求

简而精，简而明；文字简短，言简意赅；精雕细琢，以少胜多。

2．具体要求

（1）正确使用规范化简称。

简称是对比较复杂的名称的简化称谓。公文中恰当运用规范化简称，既可节约文字，言简意赅，又方便记忆，可谓一举两得。一是使用"缩合式"。如：中华人民共和国简称"中国"；中国共产党党员简称"中共党员"或"共产党员"；中华人民共和国国务院简称"国务院"；中华人民共和国国家发展和改革委员会简称"国家发展改革委"等。二是使用法律法规简称。如：《中华人民共和国民法典》（简称《民法典》）、《中华人民共和国高等教育法（2018 修正）（简称《高等教育法》）、《中华人民共和国教师法》（简称《教师法》）等。三是使用数字概括式。如："五讲四美三热爱""三个代表"重要思想、"五位一体""四个全面"等。四是使用分合式。如：中小学、离退休干部等。运用简缩词语要以不产生歧义为前提，遵循必要性和明确性原则。

（2）正确使用专用语言。

一是政治术语。高校秘书在党政工作总结、工作报告等文书写作中，常常使用政治术语。如：四项基本原则、科学发展观、增强"四个意识"、坚定"四个自信"、做到"两个维护"、坚持党的全面领导等。二是法律术语。在《民事起诉状》《民事上诉状》《工伤赔偿和解协议书》等文书写作中，学会使用一些法律术语。如：《民事起诉状》中须使用法律术语"原告、被告、第三人"；《民事上诉状》中须使用法律术语"上诉人、被上诉人、第三人"；在《工伤赔偿和解协议书》中的赔偿项目须使用法律术语"医疗费""护理费""住院伙食补助费""停工留薪工资""一次性工伤医疗补助金""一次性伤残补助金""丧葬补助金""供养亲属抚恤金""一次性工亡补助金"等。

（3）正确使用"兜底条款"语言。

"兜底条款"语言是指概况性语言，表示"许许多多""无穷无尽"等意思。高校秘书在撰写学校规章制度时常常借鉴法律规范使用"兜底条款"语言。如：《学校教职工纪律处分暂行规定》中常常使用"法律、法规、规章等规定的其他从重情节""其他违反政治纪律的行为""其他违反工作纪律失职渎职的行为""其他违反廉洁从业纪律的行为""其他违反财经纪律的行为"等。

（三）庄重

1. 总要求

"板起面孔说话"，用语做到庄严、郑重。

2. 具体要求

（1）叙述性语言。

把人物的经历、行为或事件的发生、发展、变化的过程表达出来就是叙述。基本要求是简明扼要、直截了当、客观真实。多数文书在写作时不要求"时、地、人、事、因、果"六要素俱全。叙述方式以顺序为主，有时也可用倒叙法，先介绍结果，再交代人物、原因，一般不用插叙等其他方法。在叙述人称上，常以"本"代替"我"（复数则用"我们"），表礼仪与尊重对方时以"贵"代替"您"，第三人称常用"该"。

（2）忌滥用文学语言，忌使用描绘性、抒情性语言。

公文文书中涉及的事和人物务必都要真实可信可靠，不能捏造、编造、歪曲事实真相。文学作品可以仅凭作者的想象进行艺术虚构，使用描绘性、抒情性语言更加感染动人。

（3）不用或少用口语、俗语。

口语即"口水话"，随意性强，不严谨严肃；俗语即"低级庸俗",与公文的庄重特性格格不入。

(4)恰当运用文言词汇。

高校秘书在文书撰写中恰当使用文言词常常会起到简洁、精当效果。如:"兹""兹有""特""拟""者""为""依""逾""其""亦""以""尚""之""该"等。

(5)使用公文惯用语句。

公文惯用语是在众多公文写作中总结积累的"万能用语",可以降低办公室秘书的公文写作难度,也能更为简明地表达。

一是称谓用语,如我、本、你、该……;二是经办用语,如引述处理的时间及经过情况的词语经、业经等;三是引叙用语,引述来文时的用语,如兹有、前接等;四是期请用语,表示期望或请求的敬词,如敬请、务请、希;五是表态用语,表明对某事某文看法的用语,如原则同意、不可行等;六是征询用语,如可否、当否等;七是承转用语,用于承上启下的过渡词语,如为此、综上所述、有鉴于此;八是期复用语,表示请示答复的词语,如请批示、请复等;九是收束用语,如为盼、特此函告等;十是引据用语,引出行文依据的词语,如为了、关于、根据、通过。

(四)得体

得体是指写作中对客观事物的表达要谨慎、严肃。讲究庄严持重,适度得体,反对轻佻俏皮、随情任意。具体要求:

1. 要适合身份和对象

下面以某人请客接待故事为例来阐述身份和对象合适问题:某人擅长左右逢源、八面玲珑。某天请客做东,客人陆续到齐后,他挨个问人家是怎么来的。第一位说是坐着滴滴车来的,他大拇指点赞:"潇洒,潇洒!"第二位是位领导,说是自己开车来的。他惊叹道:"时髦,时髦!"第三位觉得不好意思,说是骑电瓶车来的。他拍着人家的肩膀连声称赞:"廉洁,廉洁!"第四位平民百姓,自行车被盗了,说是走路来的。他也面露羡慕:"健康,健康!"第五位见他出口成章、聪明圆滑,想难一难他,说他是爬着来的。他击掌叫好:"稳当,稳当!"看到这里,你也许会捧腹大笑,但细思忖一下,一定能悟出奥妙所在。

评析:赞美要适合对象。赞美是社交关系的通行证。渴望被人欣赏、被人赞美是人类的天性,一句简单的赞美话,就会获得对你的谈话别样的好感。

2. 要适合场合

这里以贺喜满月酒故事为例来阐述适合场合问题:老李家添了个重孙,在办满月酒的当天,特邀请了亲朋好友贺喜,大家看了孩子在有意无意中闲谈。老王说:"恭喜!贺喜!令孙将来一定金榜题名,鹏程万里,一鸣惊人,前程似锦,为国立功,光耀祖宗!"小张说:"人都是一样的,生老病死不可抗拒,这孩子将来也会长大、变老、死去!"老王受到盛情款待,而小张则受到客人的冷落鄙视,受到主人的冷淡对待。

评析:善意的谎言是美丽的。难道小张说的不是实话吗?当然是实话,可是实话在这样的场合是不中听的。"善意的谎言"是社交礼仪的"绿色通行证",说的恭维话里大多含有夸张、空话和套话。

二、格式

各类文体都有各自的结构特点,文书写作也讲究其特殊的格式,甚至比其他文体都更为明显。高校秘书文书写作主要格式如下。

(一)公文文书格式

公文文书格式专指法定文种外形结构的组织与安排,以及公文的书写、字体、用纸的规格和样式等。具有权威性和约束性,公文文书格式依据《党政机关公文处理工作条例》第三章公文格式有关规定执行。

1．完全式固定格式（含 18 个要素）

公文包括：决定、通告、通知、报告、请示等 15 种（依据《公文处理工作条例》（中办发〔2012〕14 号）第八条）。完全式格式公文在高校中应用是极少的。依据《公文处理工作条例》（中办发〔2012〕14 号）第九规定，公文格式包括：眉首（6 个要素：紧急程度、发文机关标志、发文字号等）、主体（9 个要素：标题、主送机关、正文等）、版记（3 个要素：抄送机关、印发机关等）三部分组成。

2．高校常用公文格式（含 10 个要素）

包括：眉首 2 个要素（发文机关标志、发文字号）和主体 8 个要素（标题、主送机关、正文）等。

（二）事务文书格式

高校工作计划、工作总结、工作方案等事务文书的格式法律法规规章没有明确规定，借鉴和参考公文文书的格式执行，一般包括：标题、正文、发文机关署名、成文日期、印章等。

（三）法律诉讼文书格式

民事起诉状、答辩状、民事上诉状等诉讼文书，遵守和执行最高人民法院诉讼文书式样规定。

三、文书主旨

（一）主旨的概念

主旨（主题、立意），就是文书表达的中心思想、基本观点或说明的主要问题，是作者对客观事物的评价和态度。人们通常把主旨比作公文的"灵魂"，古语说："意犹帅也"，道理就在于此。

（二）主旨的作用

文书主旨的作用，是指公文主旨在一篇公文中具有的实际功能和效用。

这种功能和效用主要表现在以下几个方面。

1．主旨是文书的灵魂和生命

主旨是指制文主体为写作目的通过文书的全部内容所表达的主要观点、基本主张、政治倾向和政策期求。它是一篇公务文书的"灵魂"和"统帅"。

2．主旨对行文产生制约作用

在写作过程中，主旨一经确立，即对材料的组织、结构的布局、语言的运用以及表达方式等起到制约和调控作用。因此，正确地确立主旨，使它合乎要求，是写好公务文书的关键。

（三）主旨的要求

1．正确

公文是党政管理手段之一。实用性很强，多半是党的方针政策和国家法律的表现形式，也是机关单位领导群体思想意图的反映。故此，主旨必须正确。主旨符合党和国家路线、方针、政策、法律、规章；符合客观实际，能反映事物的本质和规律，对社会起着积极作用。

2．鲜明

鲜明是指公文的主旨应当突出、深刻和新颖。鲜明是说文书的中心意思、作者的意图和主张是什么，要使读者一看便知。

3．集中

清人王源曾说"宾可多，主无二文之道也"。主旨要求集中单一，不可多中心。单一，是说文书只能有一个中心，而这个中心应是全文的"统帅"。

四、材料

（一）材料的含义

材料是作者为体现写作主旨，从现实生活和文献资料中搜集到的一切有意义、有价值的生活现象和文字资料。材料是形成主旨的基础，是表达主旨和谋篇布局的物质条件。

材料一般可分为两类：一类是事实材料，指现实生活中客观存在的事物，如典型事例、基本情况、统计数字、报刊图片等。另一类是理论材料，指原理、观点、定理、定律、格言，以及党的方针、政策和国家的法律、法规等。理论材料必须是经过实践检验和为世人所公认的。

（二）材料的作用

1．材料是形成或提炼主旨的基础

文书写作并不要求刻意描绘人物的形象及其内心世界，而是要求绝对的真实，要求写人叙事客观准确，什么人做什么事，来不得半点虚假。真实性基于客观事实材料，无材料文书写作就成了"无水之源，无米之炊"，材料是概括深化主旨之基础。

2．材料是表达主旨、说明观点的依据

常言道"事实胜于雄辩"。材料是证明证实文书主旨的事实依据。没有客观真实的支撑主旨的材料，文书表达的主旨就是"空洞无据""空谈理论"，难以取信于人。

（三）写作材料的搜集

1．深入实际，调查研究

调查是研究的前提和基础，研究则是调查的深化和发展，调查研究的过程，正是搜集、积累、分析、整理材料的过程。

2．查阅文档，网上下载

包括在学校资料室、档案室、图书馆等收集和整理历史材料、现实材料、正面材料与负面材料、人物材料、档案材料和获奖材料等。

（四）文书写作材料的选用

1．典型性

依据文书表达的主旨取舍材料。选择能够反映和体现主旨具有代表性的材料。高校秘书文书写作要根据不同的文书选择不同的具有代表性的材料，文书种类不同则选择的材料不同。如：撰写学院年度工作总结，要选择的典型材料应考虑以下内容：

（1）突出领导和引领作用的材料。如：领导组织、指导和牵头实施的重大活动、重大项目和重要事项的材料；

（2）突出学校取得的成绩的材料。如：教学教育、科学研究、人才培养质量、竞赛获奖等材料；

（3）突出学院改革创新的材料；

（4）突出示范和先进模范人物的材料；

（5）突出第一的材料。如：竞赛活动获得一等奖、获得冠军、获得第一名等。

2．真实性

以求真务实的态度，选择有据可查、客观真实的原始材料。

3．新颖性

材料要有新意。我们可以从现实生活中发现新材料，还可以用新的观念、新的角度从旧材料即历史材料中发现新价值。

4．充实性

这是指充分充实，是对材料的数量上的要求。只有观点缺少材料的文书不是成功的文书。

第二节　高校秘书文书写作思维

一、写作思维含义

在《词源》中说："思维就是思考、思索的意思。"写作思维是指在文书写作过程中思考、思索和思想的方法方式。

二、高校秘书写作思维

（一）法治思维

牢固树立法治思维，切实增强法治意识，将依法办事贯穿于秘书工作的始终。法治思维是指以法治精神为导向，根据法律规定，遵循法律逻辑，运用法律推理方法来分析处理问题的一种思维习惯和程式。

笔者认为，法治思维是指高校秘书写作的文书必须符合有关法律法规等规定，文书写作是在法治思维统领指导下进行，法治思维是文书主旨正确的必然要求，亦是高校依法办学的必然要求。高校秘书写作的文书包括：公文文书（如通知、意见、纪要等）、事务文书（如工作计划、工作总结等）和法律文书（如劳动合同、聘用合同等）等，所撰写的文书内容必须符合法律法规等规定，否则，既不符合文书主旨的基本要求，又与法律法规规定相悖。如：在撰写普通高校2021年继续教育工作计划时要遵守《教育部关于加强成人高等教育招生和办学秩序管理的通知》（教发〔2007〕23号）规定，如："为办活继续教育，学校鼓励大力招收'函授脱产生'，预计招收1000人"，这样的工作计划违反《教育部关于加强成人高等教育招生和办学秩序管理的通知》（教发〔2007〕23号）规定，不仅违规，学校还要受到行政处罚。

（二）比较思维

常言道：有比较才有鉴别。比较分出优劣，比较分出好坏，比较展现业绩。比较是一个汉语词汇，意思是指对比几种同类事物的高下。比较思维是指在文书写作过程中对于同类工作进行分析和对照，概括其规律、揭示其本质。

比较思维在高校秘书文书写作中的应用：一是横向比较，本部门（单位）与其他部门（单位）比较（即自己与他人比）。在撰写工作总结时，常常把同类工作在学校部门中比较，如"2020年我部门档案管理工作取得优异成绩，获得学校档案管理工作先进集体，是学校唯一获奖部门。"二是纵向比较，本部门（单位）与往期比较（即自己与自己比）。如："2021年学校招生人数比2020年增长8%，招生学生5500人，招生工作成绩突出。"

（三）数据思维

数据是事实或观察的结果，是对客观事物的逻辑归纳，是用于表示客观事物的未经加工的原始素材。数据是信息的表现形式和载体，可以是符号、文字、数字、语音、图像、视频等。

数据思维是指高校秘书在写作文书时，根据需要，有选择地使用学校相关数据，达到用数据说话的效果，增强文书的真实性、有效性。

数据思维在高校秘书文书写作中的应用如下：

1. 在学校（部门）工作计划中使用

如：大力开展师德师风建设活动，今年设立师德师风示范岗10个；大力发展高等教育自学考试，今年计划招生1600人；继续深入推进科研活动，学校发表核心期刊论文比去年增长12%，教职工发表论文核心期刊奖励5000元／篇。

2. 在学校（部门）工作总结中广泛使用，数据彰显优良成绩

如：据渝教高〔××××〕××号文件通知，我校成人高等教育专业申报工作取得重大突破，八个本、专科新专业全部获批，新

增专业数居重庆各高校之首。新专业的获批，有利于打造我校成教优势专业集群，大大地提高了我校成教办学适应市场的能力，有利于更好地满足社会经济发展对高层次专门人才的多样化需求。

3．在宣传工作中广泛使用

在高校简介、《招生简章》、高校信息公开等常常使用数据。

4．数据思维写作应注意的问题

一是要真实。决不能弄虚作假欺上瞒下编"水数字"；决不能报喜心切，高"浮夸风"。二是要准确。决不能搞主观推测，如大概、也许、差不多、可能；决不能四舍五入如799.99元（800.00元）、4999.99元（5000.00元）。三是要统一。前后一致，避免矛盾；各个分项数字之和要与总数相等；数量单位要统一。四是要规范。小写（阿拉伯数字）如成文日期2021年8月10日。大写如一心一意、三心二意、"三个代表"等。

（四）创新思维

创新思维是指跳出"循规蹈矩、原地踏步、惯性惯例"框架思维的束缚，基于事实、规律及法律法规等，提出合法合情合理的新制度、新观念、新方法。

创新思维在高校秘书文书写作中的应用如下：

一是在撰写学校（部门）规章制度时应用。如：基于节俭理念，在学校公务用车中提出"多事一车"制度和"多人一车制度"，极大地降低公务用车频次和费用。二是基于新法义务，建立新制度。如：《民法典》自2021年1月1日起施行。依据《民法典》第一千零一十条规定，学校应当建立预防、受理投诉、调查处置、申诉等系列防止和制止禁止性骚扰管理制度，确保学校履行法定义务落实落地，切实保护师生合法权益。三是管理创新，依据《民法典》和《中华人民共和国档案法（2020修订）》，提出高校应依法建立健全防治性骚扰档案管理制度（详见：第三编第十二章"高校秘书档案管理工作"第三节"适应民法典时代高校应依法建立健全特殊专项档案")。

第三节 提高高校文书写作能力的途径

写作是一门基础学科,是一门应用科学。工业的语言是"蓝图",科学的语言是"文章"。高质量、高标准和高效率撰写文书材料是高校秘书特别是文字秘书职责和最重要义务,是一件非常艰辛艰苦的工作但蕴涵着成就和乐趣的工作,高校秘书须不断地提升文书写作能力,为圆满完成工作任务夯实坚实根基。

一、多读多记,构建秘书知识库

写作有路读为本,博览群书索收获。"读书破万卷,下笔如有神。"这是唐朝诗人杜甫的千古名句。

党政办公室工作千头万绪,涉及面广,标准高,要求严,这就需要工作人员必须具备广博的综合性知识和社会常识。

高校秘书应博览群书,构建秘书"知识库",解决"巧妇难为无米之炊"和知识不足的问题。

(一)多读多记名人示范作品,吸取营养精华。

如:学习秘书"巨人"田家英撰写的党的八大开幕词,提取出值得学习的新观点和名言名句,给秘书工作以启迪。

(二)多读多记国家机关制定的示范文本,有效提升秘书工作效率和工作质量。

例如以下几种示范文本:一是《商品房买卖合同示范文本》[住房和城乡建设部、国家工商行政管理总局(已撤销)印发的《商品房买卖合同示范文本》(建房〔2014〕53号)],该示范文书为高校秘书草拟房屋买卖合同（二手房）、商品房买卖合同提供了规范性、合法性和参考性文书，减轻了秘书工作压力和工作量，控制了风险，保证了合同质量。二是《劳动合同（通用）》和《劳动合同（劳务派遣）》示范文本（部门规范性文件），高校秘书借鉴使用，草拟高校《劳动合同》。三是最高人民法院诉讼文书式样，供高校秘书撰写法律文书时使用和参考。

（三）多读多记新的法律法规，丰富法律知识，提升秘书法律素养。

一是学习《中华人民共和国刑法（2020修正）》（以下简称《刑法》）等相关知识，明确新规定，增强秘书工作针对性和适用性。学习和知悉与高校校车及教职工机动车驾驶、高校建筑物管理、全国计算机等级考试、全国英语等级考试、高校疫情防控等相关联的新的罪名：高空抛物罪（《刑法》第二百九十一条之二规定）；危险驾驶罪［《刑法》第一百三十三条之一第一款第二项（醉酒驾驶机动车的）第三项（从事校车业务或者旅客运输）规定］；冒名顶替罪（《刑法》第二百八十条之二规定）；组织考试作弊罪（《刑法》第二百八十四条之一规定）；非法出售、提供试题、答案罪（《刑法》第二百八十四条之一规定）；代替考试罪（《刑法》第二百八十四条之一规定）；妨害传染病防治罪（《刑法》第三百三十条第一款第五项规定）等。

二是学习《民法典》明确与学校直接关联的新规定，有利于高校履行法定义务。首先，要履行禁性骚扰法定义务（依据《民法典》第一千零一十条规定），高校秘书应依法拟定预防和防止性骚扰系列规章制度。其次，要在文体活动中承担组织者和管理者的义务（依据《民法典》第一千一百七十六条第二款规定：活动组织者的责任适用本法第一千一百九十八条至第一千二百零一条的规定）。再次，要完善并强化民事合同管理，适应《民法典》新变化（详见第三编第十七章"高校秘书民事合同管理工作"）。最后，还要加强实施隐私和个人信息保护，防止泄露和侵权。（详见第三编第十四章"高校秘书保密工作"）等。

二、多想多思，提升创新能力

反对高校秘书"读死书，死读书"，成为"书呆子"，必须三思（思考、思索、思想）后写，敢于和善于创新，增强文书的质量含金量和满意度。高校秘书要撰写出"高标准，高质量，高品位"让领导满意、让阅者喜爱的文书，须具备"灵活变通、举一反三"的素养和创新能力。

（一）借鉴名言名句，敢于提出新观念

常言道："知识改变命运"，高校秘书应在深思熟虑的基础上提出"学习改变命运；读书改变命运；选择改变命运；教育改变命运；提升能力改变命运；勤勉工作改变命运；信仰改变命运；树立崇高理想改变命运"等观念；"教育为本"亦可引申出"质量为本；读书为本；学习为本；信誉为本；诚信为本；效率为本"；"笨鸟先飞"亦可引申出"笨鸟快飞；笨鸟慢飞；笨鸟不飞"等观点。

（二）灵活变通，提升同词拓展能力

如："开拓"一词，可以根据文书写作需要拓展为："开拓创新""开拓奋进""勇于开拓""开拓有为""开拓市场"等。"新"一词，可以根据写作需要拓展为："新局面""新台阶""新市场""新业绩""新成就""新领域""新作为""新提升""新佳绩""开新局"等。

（三）敢于提出新观点

1. 学校为履行新的法定义务，提出学校新的管理制度

如高校为履行《民法典》第一千零一十条规定的禁止性骚扰义务，高校应建立健全预防和防止性骚扰系列规章制度。

2．善于提出新观点

如：为确保高校开展"党的群众路线教育实践活动"等专项活动独具特色，大胆提出建立健全"三访结合"的制度，充分发挥整体优势，切实解决人民群众困难和问题，全心全意为民服务，积极推进和谐社会建设。

3．敢为天下先，敢于首创提出新制度

如：在加强党风廉政建设中提出"建立廉政保证金制度"。建立领导干部任期内廉政保证金制度，是预防职务违法犯罪的重要保证和确保廉洁从政的有力手段。基本设想为：一是制定保证金标准；二是建立保证金专门账户；三是建立保证金丧失制度；四是建立试点制度。

三、多写多练，提升实战技能

古人云"读万卷书，不如行万里路"。多写多练，应用"四强"方法，提升高校秘书文书写作实战技能技巧。

"四强"方法在文书写作中的具体应用如下：

（一）强文字基础，语言表达要精准精简

1．狠抓文字功夫，字字准确

详见第二编第三章"高校秘书文书写作概述"第一节"高校秘书文书撰写基本要求"。

2．狠抓语言表达，句句简洁

详见第二编第三章"高校秘书文书写作概述"第一节"高校秘书文书撰写基本要求"。

（二）强修改推敲，精雕细刻出精品

修改是高校秘书写作必修课，推敲是高校秘书写作"重头戏"。二者有机结合，相得益彰。常言说：文章是改出来的。马克

思写《资本论》，不断补充、修改，前后达40年之久；曹雪芹著《红楼梦》，"披阅十载，增删五次"，虽是文艺创作，也足资借鉴。

修改的具体方法多样，且因人因文而异，难以定论，但以下原则可供借鉴：一是"舍得割爱"原则，删除"废话、假话、空话、套话"；删除看似"文采精美"但与主旨表达无关联的部分；删除"抒情性"表达部分等。二是"冷静冷却"原则，在时效性许可的前提下，"黔驴技穷""山穷水尽"时，暂停修改，待思维活跃，反应敏捷时再做修改。三是"反复推敲"原则。唐代诗人贾岛诗云"鸟宿池边树，僧敲月下门"。始欲"推"字，又欲做"敲"，最终反复"推敲"，用"敲"字。撰写文书贵在"推敲"，高校秘书应以诗人贾岛为榜样，学习他"推敲"精神，对文书反复思考，反复讨论，反复研究，最终敲定"最满意的字词"。

（三）强标题提炼，标题撰写要精当

高校秘书在文书写作中如何拟定标题呢？

1. 准确

它包括两层含义：

（1）文种准确无误，不能错用或者混淆滥用。依据《公文处理工作条例》第二章（公文种类）规定，公文文种共有15种，包括决定、意见、通知、报告、请示等。具体要求：一是不创新。只能严格按照法定15种公文执行，不能随心所欲捏造，以保证其权威性。二是不越权。根据发文机关权限选择相应文种。如高校依法依规不能使用"公告"文种。公告适用于向国内外宣布重要事项或者法定事项。公告的发文机关一般是全国人民代表大会或全国人民代表大会常务委员会或国务院。三是不混用。每种文种都有严格的使用范围。如：报告、请示、通知、通报、公报、公告等。四是根据行文目的选择恰当文种。如高校要新建教学楼向上级主管部门争取财政拨款，要求上级机关批准，应使用"请示"

文种，而非"报告"文种。

（2）"事由"要准确。标题中的事由要与正文所述内容完全吻合，即通常所谓"题文相符"。这个提炼出来的"精华"即为公务文书标题的"事由"。如：《关于举办2021年下半年中小学校长培训班的函》（事由：举办2021年下半年中小学校长培训班）。

2. 简洁

主要有两种：一是事由部分文字力求要概括得简明扼要、精练明确，表述准确，文字精练，"精雕细琢"，竭力删掉那些可有可无的字词句段。最后，达到"篇无累句，句无累字，删繁就简，惜墨如金"。二是在特定的条件下，可以省略"事由"部分，但"文种"不能省略（如：通知、通告、公告）。

3. 齐全

依据《公文处理工作条例》第九条第一款第七项规定，标题由发文机关名称、事由和文种组成。这是现行党和国家有关公文法规的普遍和一致的规定。因此，公务文书标题的构成要素除在前文所述特定条件下可以省略以外，一般不得随意缺漏。如：《中共中央关于加强新时代检察机关法律监督工作的意见》《中共中央国务院关于优化生育政策促进人口长期均衡发展的决定》。

（四）强基础写作，基础要夯实

常言道"万丈高楼平地起"，强化基础地位作用。文书写作亦是如此。高校秘书特别是新任秘书，应从简单的简短的《通知》《请示》等文种写起，强化基础训练，夯实基础根基，做到"五个学会"，切实提升文书写作技能。

1. 学会公文规范格式，并知悉和掌握18个要素的含义

依据《公文处理工作条例》第三章公文格式（第九条至第十二条）规定，公文包括：发文机关标志、标题、主送机关、正文

等 18 个要素。

2．学会正确使用标点符号

主要包括：

（1）标题标点符号的使用。一是书名号。法规、规章名称加书名号。如：中共中央国务院印发《法治政府建设实施纲要（2021—2025年）》、中共中央办公厅国务院办公厅印发《关于进一步减轻义务教育阶段学生作业负担和校外培训负担的意见》等。二是连接号。表示时间起止。如：《国务院关于印发全民健身计划（2021—2025年）的通知》。三是引号。标题中使用引号表示特殊含义。如：《中共中央关于授予"七一勋章"的决定》。四是间隔号。表示月份和日期之间的分界。当公文标题中出现以时间指代特定事件时，要用间隔号隔开，如《关于江苏响水"3·21"爆炸事故的情况通报》。

（2）学会主送机关之间"顿号、逗号"标点符号的使用。如：《国务院办公厅关于坚决制止耕地"非农化"行为的通知》（国办发明电〔2020〕24号），该通知中的主送机关是"各省、自治区、直辖市人民政府，国务院各部委、各直属机构"，主送机关之间使用标点符号是（顿号）和（逗号）。

3．学会开头写法

常言道"万事开头难"，高校文书写作开头部分更是如此。

开头部分可以参考以下几种写法：

（1）目的式（起句说明目的）。常用"为""为了"领起。

如：《国务院办公厅关于完善科技成果评价机制的指导意见》（国办发〔2021〕26号），开头部分"为健全完善科技成果评价体系，……经国务院同意，现提出如下意见"。

（2）根据式。说明行文依据开篇。常用"依据""根据""遵照"领起。

如：《全民科学素质行动规划纲要（2021—2035年）》，开头部分："依据《中华人民共和国科学技术进步法》……特制定《全民科学素质行动规划纲要（2021—2035年）》（以下简称《科学素质纲要》）。"

（3）意义目的式。阐明开展某项工作或活动的意义与目的，开启下文。

如：中共中央办公厅国务院办公厅印发《建设高标准市场体系行动方案》，开头部分"建设高标准市场体系是加快完善社会主义市场经济体制的重要内容，对加快构建以国内大循环为主体、国内国际双循环相互促进的新发展格局具有重要意义"。

4．学会正文写法

正文是文书的主体，用来表述文书的内容。材料在这里集中，观点在这里展开，主旨在这里突现。书写正文应注意的问题如下：

（1）结构合规，合理全面。一是正文结构合规。如：命令（令）、公告、公报、意见、报告、议案等，这类公文结构都有固定格式。如：中华人民共和国主席令（第八十三号）任命黄明为应急管理部部长。高校秘书撰写这类公文必须严格按照固定格式执行。二是正文结构合理全面。所谓合理就是符合常理常规、符合逻辑。所谓全面就是完整形成有机统一。如：《2021年政府工作报告》的结构分为："一、2020年工作回顾；二、"十三五"时期发展成就和"十四五"时期主要目标任务；三、2021年重点工作"，形成了前后相续结构合理全面的统一体。

（2）层次清晰，逻辑性强。一是直叙式写法：以时间先后为序或按事物发生、发展及变化过程为序，由始至终，分阶段写作。如学校周工作计划、学校每月大事记、校史等。二是递进式写法：按事理的逻辑性，提出问题、分析问题和解决问题，层层推进，逐步深入，得出结论。如学校调研报告、学校招生工作问题分析报告等。三是并列式写法：按主次、重轻作横向安排。如：学校2020年继续教育工作总结，在"突出的工作成绩"部分，提炼出"（一）成人高等教育、高等教育自学考试和社会化考试工作再创新成就；（二）进取有为，师资培训工作开创新局面；（三）开发市场，市场拓展工作创造新佳绩"等成绩。四是总分式写法：围绕某一中心做辐射式展开的结构方式。先总后分，总括其要，亮出观点，再做分述加以证明。如：撰写《学校工作总结》，先总写（用一个自然段概述），再分写（若干自然段，每个自然段写一项工作），再总写（结尾部分：承上启下，继往开来）。

（3）善于写好小标题，画龙点睛。在公文中恰当使用小标题具有重要的作用，它可以增强公文主旨的显明性，使其突出醒目；可以增强公文的层次性，使其条理清楚。

高校秘书在书写《工作总结》《工作质量报告》和《工作实施方案》等重要重大材料时，在每一个自然段要使用小标题列明，然后再阐述论理论证。如：撰写《学校2020年继续教育工作总结》时在"成人高等教育、高等教育自学考试和社会化考试工作再创新成就"部分，列举若干小标题："1. 落细抓实，成人高等教育成绩显著；2. 多措并举，自学考试有新进展；3. 严控风险，社会化考试工作顺利推进"，详细阐述取得的成绩。

5．学会结尾写法

根据文书写作的目的、要求等，可以采取以下几种结尾方式：

（1）责令式。多用于下行文，即向下级提出贯彻执行要求，常见的结尾用语：

"以上各点，希遵照执行""望认真执行"。如：《国务院教育督导委员会关于印发<教育督导问责办法>的通知》（国教督〔2021〕2号），该文书结尾用语："现将该办法印发给你们，请遵照执行。"

（2）祈请式。请求指示、批准。多用于请示、议案。请示常用结尾用语："当否，请批示"。

（3）祝愿式。表示祝贺、颂扬、慰问。常用于领导发表的获奖讲话、新年贺词。

如：国家主席习近平发表二〇二一年新年贺词，该贺词在结尾部分指出："此时此刻，华灯初上，万家团圆。新年将至，惟愿山河锦绣、国泰民安！惟愿和顺致祥、幸福美满！"

（4）期望号召式：提出希望，发出号召。多用于庆祝庆典领导讲话。

如：习近平在庆祝中国共产党成立100周年大会上的讲话，在结尾部分指出："中国共产党立志于中华民族千秋伟业，百年恰是风华正茂！回首过去，展望未来，有中国共产党的坚强领导，有全国各族人民的紧密团结，全面建成社会主义现代化强国的目标一定能够实现，中华民族伟大复兴的中国梦一定能够实现！"

第四章　高校秘书常用公文文书写作

第一节　公文文书概述

一、公文概念

公文，是相对于"私文"而言的。公文即公务文书，出自汉朝荀悦所著的《汉纪》。公文是法定机关实施领导、履行职能、处理公务的具有特定效力和规范体式的文书。

二、公文作用

（一）传达贯彻党和国家方针政策，突出宣传和教育作用

公文既是推动工作的工具，也是向干部、群众进行宣传教育，提高认知、统一思想的重要方式。公文是传达贯彻党和国家方针政策重要工具。党和国家方针政策通过"公文"的形式向社会发布，让人民群众知晓并贯彻落实到工作中，这就更增强了它的宣传和教育作用。

（二）公布法律、法规和规章，有利于人们知悉和贯彻执行

法律、法规和规章通过命令（令）这种公文公布，明确其实施日期。我国法律由国家主席签署主席令予以公布［《中华人民共和国立法法（2015修正）》（以下简称《立法法》）第二十五条规定，全国人民代表大会通过的法律由国家主席签署主席令予以公布］。我国国务院制定的行政法规由总理签署国务院令公布（《立法法》第七十条）。规章包括部门规章和地方政府规章。部门规章由部门首长签署命令予以公布（《立法法》第八十五条第一款规定）。

（三）领导和指导作用

上下级机关之间是领导与被领导的关系，以及上级机关对下级机关的领导和指导作用，通常是凭借公文（命令、决定、通知、通报、批复）的制发、督查督办实现的。如《法治政府建设实施纲要（2021—2025年）》中提到，建立完善严重违法惩罚性赔偿和巨额罚款制度、终身禁入机制，让严重违法者付出应有代价。

（四）汇报和请示作用

高校管理工作中，经常会出现现有法律法规政策没有明确规定的新问题、新情况等情形，高校依照职权不能不宜做出决定，需要向主管部门汇报和请示，须向上级机关拟定《请示》，待上级机关批复后执行。

（五）联系协调作用，有利于报告、通报和交流情况

当今，机关与机关之间、单位与单位之间都不是闭门封闭的，都离不开以通知、函等公文的形式进行沟通与协调、联系与交往，以满足正常的工作、生活和学习需要。如：高校在招生录取工作时，常常以公函的形式与当地供电部门联系，请求供电部门在高考录取期间保障电力供应，以满足正常录取工作所需，保障录取的数据信息不丢失。

三、公文分类

公文按照不同的标准，分为不同类别。公文的分类有：

（一）按适用范围分为15种

决议、决定、命令（令）、公报、公告、通告、意见、通知、通报、报告、请示、批复、议案、函、纪要。

（二）根据行文关系分

1. 上行文

下级机关向上级机关报送的公文（如：请示、报告、意见）。

2．平行文

同级机关或不相隶属的机关之间来往联系的公文（如：函、议案、通知、通报、纪要）。

3．下行文

上级机关向下级机关下达的公文（如：命令、决定、通知、通报、批复）。

（三）根据公文的机密情况分

1．秘密公文

内容涉及党和国家安全，需要限制阅读范围的重要公文（如：党的内参）。

2．非秘密公文

向社会公开发布的公文（如：公告、通知）。

（四）根据公文的性质和作用分

1．规范性公文

如：命令、决定、批复。

2．知照性公文

如：公告、通知、通报。

3．报请性公文

如：请示、报告。

四、高校公文行文规则

高校是事业单位，不是党政机关，高校公文行文依据《公文处理工作条例》第四十条规定，可以参照本条例执行，即参照《公文处理工作条例》第四章第十三条至第十七条规定的党政机关公文的行文规则。

为便于研究和说明问题，本书以重庆××大学（虚构的大学）为例来探究学校公文行文规则。假设重庆××大学是重庆市人民政府举办，重庆市教育委员会主管，面向全国招生的全日制公办普通高等本科院校。

（一）注重效用

参照《公文处理工作条例》第十三条规定："行文应当确有必要，讲求实效，注重针对性和可操作性。"遵循中共中央《关于改进工作作风、密切联系群众的八项规定》精神，公文要少而精，管用、能用和有用。没有实质内容、可发可不发的文件一律不发。否则，就会出现"文山会海"效率低下的问题，以至于造成文牍主义，产生形式主义。

（二）重庆××大学党政下行公文，根据隶属关系和职权范围确定

参照《公文处理工作条例》第十四条规定："行文关系根据隶属关系和职权范围确定。一般不得越级行文。"这是基本原则。

重庆××大学党委下行公文，学校党委根据党内法规有关规定和职权范围以"中共重庆××大学委员会"名义在高校内部行文。如：学校党委根据《党政领导干部选拔任用工作条例》（2019修订）有关规定，任免学校组织部部长、宣传部部长、统战部部长等党务中层干部。

重庆××大学行政下行公文，学校行政根据《中华人民共和国高等教育法》等规定，根据职权范围行文。学校行政以"重庆××大学"名义行文。如：关于印发《重庆××大学2021级学生收费项目及标准》的通知；重庆××大学关于做好2021年普招录取工作的通知；关于印发《重庆××大学本科教育教学质量保证体系》的通知。

（三）重庆××大学向上级机关行文

参照《公文处理工作条例》第十五条规定，重庆××大学向上级机关行文，主要包括：

1．请示

请示是重庆××大学依法依规无权自主决定，请求上级机关批准的事项。《高等教育法》第十一条规定虽然赋予了高校"依法自主办学"权利，但并非"绝对自主办学"，在新校区建设、学校机构改革与调整方案、财政拨款、收费标准、新专业、在校外设置成人函授教育辅导站、恢复成人高等教育学生学籍、学校中层领导干部任免（学校自主任免的除外）等事项，依照规定重庆××大学无权自主决定，须以"请示"公文形式请求上级机关批准，上级机关以"批复"公文形式批复。

2．报告

一是工作报告。依照主管部门有关规定，学校就招生等专项工作完成情况向主管部门报告。如：根据《重庆市教育委员会关于印发××××××××××的通知》（×××发〔××××〕××号）和《重庆市教育委员会关于××××××××××的通知》（×××发〔××××〕××号）文件精神，重庆××大学向重庆市教委报送《重庆××大学关于××××××××的报告》；按照《关于××××××××的通知》（×××函〔××××〕×××号）要求，重庆××大学向重庆市教委报送《重庆××大学关于××××××××××的工作报告》等。二是发生事故等报告。重庆××大学当发生安全生产事故、交通事故、食物中毒、新冠肺炎疑似或确诊病例等情况时，学校应依法依规向有关部门报告。

（四）抄送规则

参照《公文处理工作条例》第十五条第六项规定："受双

重领导的机关向一个上级机关行文，必要时抄送另一个上级机关。"

重庆××大学在涉及重要公务或者重大问题等行文时，除向主送机关报送外，还须向有关机关抄送，便于协调工作，防止出现矛盾问题。如：《重庆××大学需要增加教职工绩效工资的请示》，既需要向重庆市教委报送，还须抄送重庆市财政局。

第二节　高校常用公文文书写作

公文在高校工作中发挥着不可取代的行政管理作用。为便于研究和说明问题，以重庆××大学（虚构的大学）为例来探究学校常用公文写作，假设重庆××大学是重庆市人民政府主办重庆市教委主管的公办本科院校。

一、通知

（一）通知的概念

"通知"最早出自《汉书·平帝记》中，它有通晓之意，又有把事情告诉别人知道，以及告知事项的文字或口信的意思。

通知是发文单位向特定的受文对象告知有关事项的知晓性公文，适用于发布、传达要求下级机关执行和有关单位周知或者执行的事项，批转、转发公文。

（二）特点

1. 功能的多样性

通知是党政机关公文中功能最多的文种：它可以用来发布法规规章、传达指示、布置工作、晓谕事项、任免人员等。

2．运用的广泛性

通知文种具有两个显著特点：使用频率最高，使用范围最广。广泛性体现在，一是使用主体的广泛性：任何单位或部门都可以使用通知，无论是党和国家的最高领导机关，还是普通的基层单位都可以使用通知行文。二是通知内容的广泛性：无论是大事、小事和天下事，还是衣食住行，都可以使用通知。

3．办理的时效性

要求下级机关和有关机关办理的事项都务必在通知规定的时间期限内予以完成，一般不能提前但绝不能延后。

（三）高校常用的通知种类及范文

1．会议通知

（1）学校召开比较重要的会议时，一般都要提前通知与会单位和人员。这就是会议通知。

（2）会议通知的正文一般包括：会议名称、时间、地点、会议内容、参加者、有关要求等。

（3）写作范文

会议通知

校内各单位：

学校定于5月12日（星期三）上午召开"本科教学工作改革动员会"，现将有关事项通知如下：

（一）会议时间

2021年5月12日（星期三）上午9：00—10：30

（二）会议地点

学校608会议室

（三）参会人员

1．全体校领导；

2. 全体中干；

3. 全体正教授教师；

4. 校级教学督导委员；

5. 各二级学院教学办主任、教学秘书、教师代表各5人。

（四）有关要求

1. 参会人员需佩戴校徽，男士着深色工作服、女士着深色工作服；

2. 会议期间禁止使用通信工具，自觉遵守会场纪律；

3. 参会人员原则上不得缺席会议，确因重要事务不能参会，请提交书面请假条，经分管校领导签字后，报学校办公室。

特此通知

重庆××大学办公室
2021年5月11日

（4）参照范文，学习和指导写作。

① 标题：《会议通知》，要书写准确。按照标题突出主旨的要求，《会议通知》中的"会议"二字不能省略。

② 主送机关应写明确。本《会议通知》中的主送机关是"校内各单位"，亦可以书写成"校内各部门"。

③ 正文开头部分。

一是明确会议的主题（本科教学工作改革动员会），使参加会议人员预先知晓会议主题，做好相关准备工作；二是学会使用承上启下过渡句"现将有关事项通知如下"。承上启下过渡句经常在文书中使用。如：现将有关工作汇报如下、现将有关情况报告如下。

④ 正文主体部分。

正文主体部分一般包括：会议时间、会议地点、参会人员、有关要求。主体部分是会议通知公文的重点内容。一般采取条款式表达方式，语言表达必须精确、具体、明确。如：范文中"全体正教授教师"，表明了从事专业教学工作的正教授。在我国高校享受正教授级别和待遇的有"正高工程师、正高实验师"等，但"正高工程师、正高实验师"不是教授系列。故此，在《会议通知》中的参加会议人员的身份、职务等应准确且无争议。

⑤ 结尾部分。

会议通知结尾部分常用"特此通知"惯用语句。"特此通知"表示"强调"会议的重要性。有的会议通知也可以省略"特此通知"四个字。

⑥ 发文机关署名。

本《会议通知》发文机关署名"重庆××大学办公室"，高校办公室在学校内部是可以发布《会议通知》的，当然本《会议通知》亦可以署名"重庆××大学"。

⑦ 成文日期。

本《会议通知》成文日期是"2021年5月11日"。成文日期不管是高校党委或高校行政发文一律使用阿拉伯数字（小写），不能书写成"二〇二一年五月十一日"。

2．任免通知

（1）高校按照干部管理权限任免学校中层领导干部时，要发任免通知。

（2）任免通知的正文：一般包括：决定任免的时间、机关、会议或依据的文件、任免人员的姓名和具体职务等。

（3）写作范文

关于李××等同志职务任免的通知

校内各党总支、各单位：

经2021年6月16日第19次学校党委常委会研究决定：

任命

李××同志为学生处处长；

孙××同志为教务处处长。

以上2名同志任职试用期均为1年，从2021年6月16日至2022年6月15日止。

免去

王××同志学生处处长职务；

何××同志教务处处长职务。

特此通知

中共重庆××大学委员会重庆××大学
2021年6月28日

（4）参照范文，学习和指导写作。

① 标题：关于李××等同志职务任免的通知，书写要正确准确。范文标题采用"事由+文种"的方式，事由"关于李××等同志职务任免"，文种"通知"。标题书写要突出主旨"职务任免"；"关于"这个介词不能省略，否则就成为病句（李××等同志职务任免的通知）。

② 主送机关应写明确、正确。本通知中主送机关是"校内各党总支、各单位"。本通知是"中共重庆××大学委员会重庆××大学"党政联合行文。"校内各党总支"表明高校党组织身份，排在"各单位"前面；"各单位"表明高校行政身份。主送机关之间使用标点符号顿号（校内各党总支、各单位），不能使用逗号。

③ 正文。

一是写明任免的依据："经2021年6月16日第19次学校党委常委会研究决定"；二是写明任免人的姓名、职务。三是任免通知与教职工处分决定不同。教职工处分决定在公文中还需要写明确不服的申诉途径和期限，但任免通知中则没有明确要求。

④ 发文机关署名。

本通知是高校党政联合发文，发文机关署名是"中共重庆××大学委员会重庆××大学"，"中共重庆××大学委员会"排在"重庆××大学"前面，注意排序不能错，且联合发文机关之间不能使用标点符号（中共重庆××大学委员会重庆××大学）。

3．知照性通知

（1）知照性通知（一般事务性通知）是指用来告知、传递某一事项或某一活动的通知。如：开展工会活动、新成立科研机构等。

（2）知照性通知的正文，一般包括告知事项、告知内容等。

（3）写作范文

关于成立重庆××大学服务乡村振兴工作领导小组的通知

校内各党总支、各单位：

为进一步贯彻党中央、国务院乡村振兴战略，进一步巩固脱贫攻坚成果，充分发挥高校人才资源和科研优势，更好地服务于乡村振兴战略的实施。经学校研究，决定成立重庆××大学服务乡村振兴工作领导小组。

组　长：张××

副组长：王××　尹××　吴××

成　员：罗××　陈××　曾××　符××　胡××　康××　阎××

领导小组下设办公室（挂靠学校党政办公室），由罗××兼任办公室主任。原学校教育扶贫工作领导小组和教育扶贫工作办公室职责由服务乡村振兴工作领导小组及其办公室承担。

特此通知

中共重庆××大学委员会重庆××大学

2021年5月12日

（4）参照范文，学习和指导写作。

① 标题可以只写"事由+文种"，省略"发文机构名称"。如范文标题"关于成立重庆××大学服务乡村振兴工作领导小组的通知"，省略了"发文机构名称（即重庆××大学）"。依据《公文处理工作条例》第九条第一款第七项规定，标题由发文机关名称、事由和文种组成。根据文书写作需要，可以省略"发文机关名称"或"事由"。

② 主送机关应写明确、正确。本通知中主送机关是"校内各党总支、各单位"。本通知是"中共重庆××大学委员会重庆××大学"党政联合行文。"校内各党总支"表明高校党组织身份，排在"各单位"前面；"各单位"表明高校行政身份。主送机关之间使用标点符号顿号（校内各党总支、各单位），不能使用逗号。

③ 正文。

本通知是高校成立"服务乡村振兴工作领导小组"的通知。在正文中应写明以下事项：

一是成立"服务乡村振兴工作领导小组"的目的。如范文"为进一步贯彻党中央、国务院乡村振兴战略，进一步巩固脱贫攻坚成果，充分发挥高校人才资源和科研优势，更好地服务于乡村振兴战略的实施"。

二是成立"服务乡村振兴工作领导小组"的依据。如范文"经学校研究，决定成立重庆××大学服务乡村振兴工作领导小组"。

三是"服务乡村振兴工作领导小组"组长、副组长和成员的姓名，如范文"组长：张××，副组长：王××尹××吴××，成员：罗××陈××曾××符××胡××康××阎××"。

四是日常工作机构。如范文"领导小组下设办公室（挂靠学校党政办公室），由罗××兼任办公室主任"。

五是"服务乡村振兴工作领导小组"工作职责。如范文"原学校教育扶贫工作领导小组和教育扶贫工作办公室职责由服务乡村振兴工作领导小组及其办公室承担"。

④ 发文机关署名。

本通知是高校党政联合发文，发文机关署名是"中共重庆××大学委员会重庆××大学"，"中共重庆××大学委员会"排在"重庆××大学"前面，注意排序不能错，且联合发文机关之间不能使用标点符号（中共重庆××大学委员会重庆××大学）。

4．转发性通知

（1）转发性通知是转发上级的党组织、国家机关，同级部门或不相隶属机关的公文时，可用这种通知。

（2）转发性通知正文，一般由两个部分组成：通知决定、通知附件。

通知决定：一般包括转发机关对转发对象的工作要求。基本格式是：现将×××转发给你们，请遵照（参照）执行。通知附件是要转发的公文。

（3）写作范文

重庆××大学关于转发

《重庆市××××××××××》的通知

校内各单位：

现将重庆市卫生健康委员会、重庆市教育委员会制定的《重庆市××××××××××》转发给你们，请遵照执行。

附件：《重庆市××××××××××》。

特此通知

重庆××大学
2020 年 5 月 14 日

（4）参照范文，学习和指导写作。

① 标题由发文机关名称、事由和文种组成。写明发文机关名称（重庆××大学）、事由（转发《重庆市×××××××××》）和文种（通知）。

② 主送机关应写明确。如范文"校内各单位"。

③ 正文。

一是写明转发的上级机关的名称及需要转发的文件名称。如范文"现将重庆市卫生健康委员会、重庆市教育委员会制定的《重庆市××××××××××》转发给你们"。二是写明转发机关的态度和要求。如范文"请遵照执行"。三是需要转发的上级机关的文件应作为转发性通知的附件。如范文"附件：《重庆市×××××××××××》"。

二、请示

（一）请示的概念

《公文处理工作条例》第八条第十一项规定，请示适用于向上级机关请求指示、批准。《中国共产党重大事项请示报告条例》第三条第三款明确规定：请示是指下级党组织向上级党组织，党员、领导干部向党组织就重大事项请求指示或者批准。

综上所述，请示是指下级机关就某项工作或事情向上级请求指示或批准，要求上级答复时使用的请求性的上行公文。它"适用于向上级机关请求指示、批准"。

请示是高校工作中经常使用的一个文种。

（二）请示的特点

1. 针对性

请示不是上交问题，而是解决问题。

目前，我国高校不管是公办高校还是民办高校，法律法规赋予了高校办学自主权，但这种自主权是有限制的而并非完全自主。以重庆××大学为例来阐述需要请示的问题：

一是重庆××大学校内部分领导干部任免，须经上级机关批准，如：重庆××大学党委宣传部部长、统战部部长任免还需报送重庆市委教育工委批准。二是重庆××大学在专业建设方面，不是完全依据市场需求自主决定办学专业，必须是在重庆市教委已批准的基础上开办专业，如果需要新办专业，必须向重庆市教委报送书面的《重庆××大学关于增设×××等×个专科专业的请示》，在请示中阐明依据、可行性论证等，待重庆市教委批复后方能招生办学。三是在招生录取工作方面，亦要遵照重庆市教委批复的招生计划和重庆市大中专招生办公室公布的招生录取控制线开展录取工作。如果却因招生录取人数严重不足（即未使用完招生计划数），需要降分录取，则须向重庆市教委报送《重庆××大学关于×××年全国普通高等教育降分录取的请示》，在请示中阐明缘由、事实等。四是在教职工绩效工资增长、国有资产大型或关键设备设施处置、建筑工程建设等方面亦须向上级机关请示。因而"请示"具有很强的针对性。

2．呈批性

请示是有针对性的上行文。如前所述，重庆××大学无论是学校领导干部任免，还是新专业、降低高考录取线、绩效工资增长等事项，重庆市教委对于重庆××大学呈报的请示不论是否同意，都必须给予明确的"批复"回复。

3．单一性

请示应一文一事。请示的行文对象比较单一，即在有隶属关系的上下级之间，只有下级机关向上级机关行文，才能使用请示文种。上级对下级或者没有隶属关系的上下级之间行文，不能使用这一文种。

(三) 高校请示的写作

1. 范文

重庆××大学关于在重庆市××学校
设置成人函授教育辅导站的请示

重庆市教育委员会：

　　根据重庆市教委×××〔××××〕××号文件精神和《重庆市教育委员会关于印发<关于×××××××>的通知》（×××发〔××××〕××号）文件的要求，结合我校实际情况，经研究决定，我校拟在重庆市××区××学校设置重庆××大学校外成人函授教育辅导站。

　　当否，请批示
　　附件：重庆市××区××学校申报函授站材料

重庆××大学
2020 年 6 月 9 日

　　（联系人：乔××；联系电话：××××××××××）

2. 参照范文，学习和指导写作

（1）标题：重庆××大学关于在重庆市××学校设置成人函授教育辅导站的请示。（发文机关+事由+文种）。

（2）主送机关：重庆市教育委员会（只能有一个）。请示的主送机关是它的直接上级机关，有且只有一个，不能越级，也不能是领导者个人。

（3）正文：请示理由（或原因）、请示事项、结语。

① 请示理由（或原因）。

请示开头首先写明请示的理由（原因）。"根据重庆市教委×××〔××××〕××号文件精神和重庆市教育委员会关于印发《关于×××××××的通知》（×××发〔××××〕××号）文件的要求。"

② 请示事项。

"我校拟在重庆市××区××学校设置重庆××大学校外成人函授教育辅导站。"请示的事项必须明白明确，条理清晰，有理有据。

③ 结语：当否，请批示。

此外，结语还可以使用：妥否，请批复。以上请示，请予审批。以上请示，请予批准。以上意见是否可行，请予批复。

（四）高校请示写作要求

1．要"一事一文"，不可一文多事请示

"一事一文"是请示具有的鲜明特点。"一事一文"提升了请示流转效率，有利于上级机关批复。在我国党政机关各职能部门依照法定职责行使权力，职责职权不重叠不交叉，各司其职，各管其事。如果"一文多事请示"，每一事就有一个主管机关，多事则须多个主管机关审批，导致请示流转程序复杂，还容易丢失，审批效率也低下。

2．不要"多头"请示

请示只能报送一个主送机关。在我国党政机构以及党政机构各组成部门，职责权限是法定的，办事流程是法定的，可谓"铁路警察各管一段"。如果"多头"请示，如果多个部门审批意见不同时，领导意见有争议时，可能导致行文的请示搁置，久拖不决。下级机关报送的请示可能成为"一纸空文"，"一文不值"，很难达到请示的目的。

3．坚持逐级请示

逐级请示既是惯例，又是原则。县官不如现管，凡是下级机关能够批复的能够解决的问题，绝不把问题和矛盾上交，这也是工作纪律要求。特殊紧急情况要越级请示，则必须同时抄送被越级的机关。

4. 写出拟办的处理意见

请示的正文中除了必须要写明请示的事项外，还要写出本单位拟办的处理意见，借此来表明本单位对请示事项的倾向性，提请上级机关批复时参考。

三、报告

（一）报告的概念

在我国党政上级机关与下级机关之间的关系可以概括为领导、指导二种关系。一是党委和人民政府上下级之间的关系为领导与被领导关系。主要包括人财物的领导，即"人权""财权"和"物权"一般都由上级机关决策和决定。二是业务指导关系。比如：上级人民政府组成部门与下级人民政府组成部门之间是业务关系（垂直领导的部门除外）。例如：重庆市教委与重庆市永川区教委之间就是业务指导关系。上下级机关之间无论是领导关系或指导关系，上级机关对下级机关的工作、情况等享有知情权，以加强领导和指导，下级机关应履行报告义务，以供上级机关决策决定提供参照。依据《公文处理工作条例》第八条第十项、《中国共产党重大事项请示报告条例》第三条第三款规定，报告适用于下级机关（下级党组织）向上级机关（上级党组织）反映情况、汇报工作，回复上级机关（上级党组织）询问。

（二）高校报告的种类

本研究以重庆××大学（虚构）为例，阐述高校报告的种类。

1. 高校报告从内容分为：综合报告、专题报告

（1）综合报告

适用于重庆××大学定期或不定期向上级主管部门全面、全方位汇报工作推进情况或完成效果。内容全面，篇幅长，有利于上级机关全面掌控情况。如：2020年重庆××大学工作报告。

（2）专题报告

专题报告的特点突出单一专题性，是下级机关就某一方面（如：高校招生工作、高校食品安全工作、高校学生就业工作）单一工作或活动向上级机关报告。内容短小单一。如：重庆××大学 2020 年度高等学历继续教育办学情况的自查报告、关于报送《重庆××大学 2020 年度继续教育发展报告》的报告。

2．从性质和用途分为：工作报告、情况报告

（1）工作报告用于汇报工作。

凡是用来向上级汇报工作的报告，都是工作报告。

工作报告正文分三部分：一是报告缘由部分，该部分主要阐述报告的依据与理由，表明工作汇报的正当性和必要性；二是报告正文部分，主要包括：开展了哪些工作，采取了哪些举措，取得了哪些工作成绩，特别是工作亮点特色部分要高度精准概括，这是上级机关最关注的部分。同时，实事求是指出工作中存在的问题与不足以及困难，并提出针对性的意见和建议，以期得到上级机关解决。三是报告结尾部分，基于问题与不足，提出下一步工作设想和工作打算。

（2）情况报告。

情况报告用于反映情况。一是依法报告，履行法定报告义务。依照《食品安全法》第一百零三条规定，当重庆××大学发生食品安全事故时应及时向当地人民政府食品安全监督管理、卫生行政部门报告；依照《安全生产法》第八十三条、《生产安全事故报告和调查处理条例》第九条规定，当重庆××大学发生生产安全事故后，事故现场有关人员应当立即报告学校党委书记和校长。学校党委书记和校长接到报告后，应当于 1 小时内立即如实报告当地应急管理局。

此外，重庆××大学除向当地人民政府有关部门报告外，依

照《公文处理工作条例》第八条第十项、《中国共产党重大事项请示报告条例》第三条第三款规定，还需向重庆市教育委员会主管部门报告。

二是依照有关规定，履行工作情况报告职责。重庆××大学主管部门常常以通知等"红头文件"的形式，向高校部署工作，发布工作要求。如：重庆市教育委员会发布《关于××××××××的通知》，并按时报送《自查报告》，重庆××大学按照重庆市教育委员会通知的要求，需报送重庆××大学关于××××××的自查报告；根据《重庆市教育委员会办公室转发××××关于××××××××××的通知》（×××函〔××××〕××号）文件精神，重庆××大学则需按照文件规定，向重庆市教育委员会报送重庆××大学×××××××××××的工作报告。

（三）高校报告的写作要求

1. 格式和内容，依法依规

不论是食品安全事故报告、生产安全事故等法律法规规定的情况报告，还是重庆市教育委员会规定的工作情况报告，都有规定的统一的模板，高校必须按照规定的格式和要求写作，否则视为"不合格"，可能导致主管部门拒收报告，造成不利影响和严重后果。如生产安全事故报告，依据《生产安全事故报告和调查处理条例》第十二条规定，报告事故应当包括：事故发生单位概况，事故发生的时间、地点以及事故现场情况，事故的简要经过等六项内容。

2. 坚持实事求是原则

依照法律法规相关规定，事故报告和工作情况报告必须尊重客观事实，严禁瞒报漏报，欺上瞒下；严禁谎报、捏造事实，弄虚作假。否则，高校将依法承担法律责任。依据《安全生产法》第一百一十条规定，高校主要负责人对生产安全事故隐瞒不报、谎报或者迟报的，给予降级、撤职的处分，处上一年年收入百分之六十至百分之一百的罚款，逃匿的处十五日以下拘留；构成犯罪的，依照刑法有关规定追究刑事责任。

3．讲究高效，严格遵照和执行规定的时效

高校当发生食品安全事故、生产安全事故、火灾事故、交通事故等事故事件时，高校应立即启动和实施应急预防，除立即抢救生命，采取恰当措施，防止事故扩大外，应"十万火急"，在法律法规规定的时间期限内以书面报告（特急）的形式向当地人民政府主管部门和高校主管部门报告，绝不能迟报，否则将面临《安全生产法》第一百一十条规定处分、处罚（行政处罚：罚款，拘留），触犯刑律的承担刑事法律责任。

4．语言文字表达要特别准确

语言文字表达要特别准确，否则，差之毫厘谬以千里。

（详见第二编第三章第一节"高校秘书文书撰写基本要求中语言基本要求：准确"）

（四）高校报告与高校请示的区别

1．行文目的不同

高校报告无论是事故情况报告，还是工作情况报告，是依照法律法规规定或依照高校主管部门的要求而报告，不需要当地人民政府主管部门和高校主管部门批准回复；而高校向上级部门的请示需要批准批复回复。

2．行文时间不同

事故情况报告和工作情况报告在事前是不可预见和不可知晓的，故此，报告多在事后或事中；请示的事项或问题是高校依据职责权限无权无理决定的，决不能先斩后奏、斩而不奏，要求在事前请示，否则有滥用职权之嫌。

3. 内容含量不同

事故报告和工作情况报告内容含量较大，事故报告内容依法而定，工作情况报告特别是综合工作情况报告内容涉及教学教育、教研教改、师德师风、招生就业、安全稳定等方方面面，要求面面俱到；报告可一文一事（专题报告），高校综合工作报告可以一文多事。高校请示内容单一，只能一文一事，绝对不能一文多事，违背请示规则。

4. 注意点不同

报告依照规定，主管部门不需要审批。故此，报告不可夹带请示事项；请示和报告是两种不同的公文，行文目的和行文时间等均不同。故此，请示不能写成"请示报告"。

四、决定

（一）决定的概念

决定是各级党政机关普遍使用的一种对重大事项、奖惩等重大活动做出的具有领导性和规定性的下行公文，凡上级机关做出的决定作为公文下发，下级机关和个人必须认真贯彻执行。

（二）高校决定的特点

1. 制约性

高校对创建"法治校园、文明校园、绿色校园、国家级创新中心"等重大行动做出部署和安排，要求学校各部门按照学校有关规定执行，具有刚性约束性和一定程度强制性特点。学校对重大活动中，涌现出的先进模范和做出杰出贡献的单位和个人给予表彰和肯定，增添和激励其再创佳绩的内在动力；学校对违法违纪和违背师德师风等行为给予处分处罚，惩恶扬善，弘扬正气正能量，起到"杀一儆百"警醒警示约束作用。

2．指导性

决定内容上必须是相对重要或重大的，在一定范围内对全局性或长期性工作有一定影响的，而不要把一些并非重要或重大事件"拔高"，用决定形式"以壮声威"。

综前所述，决定是学校重大行动和重大事项做出的决策、部署和安排，学校各部门须遵守和执行，对学校各单位和部门具有引领性和导向性作用。

3．稳定性

决定的稳定性主要表现在其内容上。学校重大行动和重大事项经学校党委或行政做出决定，具有权威性、指导性和执行效力，在一定时期内具有功效，具有较强稳定性特征。如：学校对违背师德师风的肖××院长给予了撤职处分，依据《事业单位工作人员处分暂行规定》第六条规定，受撤职处分的期间为24个月。

（三）高校常用《决定》的种类

1．表彰决定

学校表彰先进、激励后进适用表彰决定。

（1）范文。

重庆××大学关于表彰2021年教龄满35年
和教育系统工作满35年教职工的决定

（重×大人〔2021〕38号）

校内各单位：

为全面贯彻落实教书育人和立德树人根本任务，进一步营造为人师表和尊师重教良好氛围，激励广大教职工热爱和忠诚教育事业，决定对 2021 年我校教龄满 35 年和教育系统工作满 35 年的教职工进行表彰。

希望受表彰的教职工谦虚谨慎、戒骄戒躁、倍加珍惜荣誉，充分发挥"特别能吃苦，特别能战斗，特别能奉献"的敬业精神，立足岗位争先锋，教书育人树榜样，推动学校各项事业开创新局面，再攀新高峰，再创新辉煌。

附件：2021 年教龄和教育系统工作满 35 年教职工名单

重庆××大学
2021 年 7 月 1 日

（2）参照范文，学习和指导写作。

标题：重庆××大学关于表彰 2021 年教龄满 35 年和教育系统工作满 35 年教职工的决定（发文机关+事由+文种的写法）。

发文字号："重×大人〔2021〕38 号"，不能写成"重×大人〔2021〕第 38 号"。

主送机关：校内各单位（决定的主送机关为应知照和执行的单位或群体）。

正文：由开头、主体、结尾三部分组成。

开头："为全面贯彻落实教书育人和立德树人根本任务，进一步营造为人师表和尊师重教良好氛围，激励广大教职工热爱和忠诚教育事业"（开头一般是说明做出决定的背景、根据、目的和意义）。

主体："决定对 2021 年我校教龄满 35 年和教育系统工作满 35 年的教职工进行表彰。"（主体写决定事项。结合实际情况撰写，内容可多可少）。

结尾："希望受表彰的教职工谦虚谨慎、戒骄戒躁、倍加珍惜荣誉，充分发挥'特别能吃苦，特别能战斗，特别能奉献'的敬业精神，立足岗位争先锋，教书育人树榜样，推动学校各项事业开创新局面,再攀新高峰,再创新辉煌"(结尾继往开来,简洁明快,主要用来写执行要求或希望号召)。

2．处分决定

(1)范文。

重庆××大学关于给予李××行政记过处分的决定

(重×大人〔2020〕22号)

校内各单位：

李××,男,汉族,已婚,生于19××年××月××日,教授,硕士生导师,系重庆××大学××学院××专业教师。2020年1月至4月期间,就读硕士学生张××实名举报李××曾索要、收受学生及家长财物,要求学校对李××进行惩处。

经查证查实,李××利用指导张××攻读硕士职务之便,在指导学生张××硕士毕业论文期间曾索要、收受学生及家长财物。

李××作为大学教师,向学生及家长索要、收受财物,违反了《新时代高校教师职业行为十项准则》(教师〔2018〕16号)"不得索要、收受学生及家长财物"之规定,依据《事业单位工作人员处分暂行规定》第二十条第一款第(七)项和《重庆xx大学教职工纪律处分暂行规定》第二十三条第一款第(十三)项之规定,经2020年5月12日学校2020年第13次校长办公会批准,决定给予李××行政记过处分。

本处分决定自2020年5月12日起生效,处分期间为12个月。如本人不服本处分决定,请于处分决定之日起30日内向学校教职工纪律处分委员会提出申诉。

重庆××大学
2020年5月14日

（2）参照范文，学习和指导写作。

标题：重庆××大学关于给予李××行政记过处分的决定。发文机关＋事由＋文种的写法。

发文字号：重××大人〔2020〕22号。

主送机关：校内各单位（决定的主送机关为应知照和执行的单位或群体。）

正文：由开头、主体、结尾三部分组成。

开头（开头简介受处分人基本情况）"李××，男，汉族，已婚，生于1969年××月××日，教授，硕士生导师，系重庆××大学××学院××专业教师"。

主体（主要事实和组织决定）"2020年1月至4月期间，就读硕士学生张××实名举报李××曾索要、收受学生及家长财物，要求学校对李××进行惩处。经查证查实，李××利用指导张××攻读硕士职务之便，在指导学生张××硕士毕业论文期间曾索要、收受学生及家长财物。李××作为大学教师，向学生及家长索要、收受财物，违反了《新时代高校教师职业行为十项准则》（教师〔2018〕16号）"不得索要、收受学生及家长财物"之规定，依据《事业单位工作人员处分暂行规定》第二十条第一款第（七）项和《重庆××大学教职工纪律处分暂行规定》第二十三条第一款第（十三）项之规定，经2020年5月12日学校2020年第13次校长办公会批准，决定给予李××行政记过处分。"

结尾（决定生效时间、申诉途径）"本处分决定自2020年5月12日起生效，处分期间为12个月。如本人不服本处分决定，请于处分决定之日起30日内向学校教职工纪律处分委员会提出申诉"。

3．解除处分决定

学校对教职工的违法违纪处分影响期满，依据有关规定，对受处分的教职工解除处分的决定。

（1）范文。

重庆××大学
关于解除李××行政记过处分的决定
（重×大人〔2021〕25号）

校内各单位：

李××，男，汉族，已婚，生于19××年××月××日，教授，硕士生导师，系重庆××大学××学院××专业教师。李××因其违法违纪，严重违反职业道德，学校2020年第十三次校长办公会依据《事业单位工作人员处分暂行规定》规定，对李××做出行政记过处分，处分生效日期为2020年5月12日，处分期间12个月。

事后，该同志认真痛定思痛、忏悔悔过、严于律己，以身作则，工作兢兢业业，勤勤恳恳，任劳任怨，未发现违法违纪现象。现处分影响期满，根据《事业单位工作人员处分暂行规定》第三十二条之规定，经2021年5月14日学校2021年第15次校长办公会研究决定，自2021年5月12日起解除李××行政记过处分。

重庆××大学

2021年5月17日

（2）参照范文，学习和指导写作。

标题：重庆××大学关于解除李××行政记过处分的决定。标题由发文机关+事由+文种组成。

发文字号：重×大人〔2021〕25号。

主送机关：校内各单位（决定的主送机关为应知照和执行的单位或群体。）

正文：由开头、主体二部分组成。

开头（开头简介解除处分人基本情况及受处分的事实及组织决定）"李××，男，汉族，已婚，生于19××年××月××日，教授，硕士生导师，系重庆××大学××学院××专业教师"。

李××因其违法违纪，严重违反职业道德，学校2020年第十三次校长办公会依据《事业单位工作人员处分暂行规定》规定，对李××做出行政记过处分，处分生效日期为2020年5月12日，处分期间12个月"。

主体（解除处分的主要事实和组织决定）"事后，该同志认真痛定思痛、忏悔悔过，严于律己，以身作则，工作兢兢业业，勤勤恳恳，任劳任怨，未发现违法违纪现象。现处分影响期满，根据《事业单位工作人员处分暂行规定》第三十二条之规定，经2021年5月14日学校2021年第十五次校长办公会研究决定，自2021年5月12日起解除李××行政记过处分"。

（四）注意事项

1. 事实真实客观，证据确实充分

这是决定的前提和基本条件。特别是处分决定，关系到教职工声誉和社会评价。违法违纪事实须查证查实，不是道听途说，亦不能先入为主。证据真实且合法有效，证据之间互相印证，得出违法违纪的事实。

2. 决定的内容须合法合规，不能恣意妄为

比如：处分决定，处分的依据必须合法合规。如范文：重庆××大学关于给予李××行政记过处分的决定（重×大人〔2020〕22号），学校对李××教授因索要、收受学生及家长财物，依据《事业单位工作人员处分暂行规定》第二十条第一款第（七）项和《重庆××大学教职工纪律处分暂行规定》第二十三条第一款第（十三）项之规定，决定对李××教授给予行政记过处分。

3. 注意保护受害人隐私权

特别是学校要依法保护受害人的个人隐私，不得泄露，采取

保护保密措施。如：重庆××大学李××教授利用职务之便对指导的硕士生张××索要、收受学生及家长财物，学校必须对受害人张××个人隐私保护保密，保护保密的措施有：不公开调查，不公开调查过程，不公开学生姓名；不公开处分文件；在处分文件中不写明学生姓名，学生姓名用"张××"代替等。

4. 注意保护受处分者的申诉权

学校教职工因违法违纪违规受到处分，达到"惩前毖后治病救人"之目的。学校亦要保障受处分的教职工享有申辩和申诉的权利，并明确告知。如范文：重庆××大学关于给予李××行政记过处分的决定（重×大人〔2020〕22号），在处分文件中明确告知"如本人不服本处分决定，请于处分决定之日起30日内向学校教职工纪律处分委员会提出申诉"。

五、意见

（一）意见的概念

意见是高校常用的一种公文。学校对国家法律法规草案、食品安全、"十四五"规划、新校区建设、高考招生政策改革、绩效工资改革等重要问题提出见解和处理办法，这就是意见。

这里所指的重要问题既包括党和国家重要举措、上级部门重大活动等重要问题，又包括学校的教职工职称评审改革、教学教研改革等重要问题。

（二）意见的特点

1. 时效性

时效性是指学校及学校各单位按照上级有关要求，针对某项重大问题提出意见时，必须在规定的时间内提出意见。如：关于公开征求《黄河保护立法草案（征求意见稿）》意见的公告（水利部发布）有关单位和各界人士可在2021年5月29日前，通过登录中华人民共和国水利部网站，通过网站首页的法规草案征求意见栏目等方式提出意见。学校要于2021年5月29日前提出意见。

2．针对性

意见是对于《中华人民共和国民法典（草案）》《长江保护法草案》《契税法草案》《重庆市绿色建筑"十四五"规划（2021—2025年）（征求意见稿）》等某项重要问题征求意见，提出意见。

3．自主性

学校对于上级机关等关于某项重要问题征求意见的公告，公告中要求社会各界和社会公众等提出意见，学校是否提出意见，提出哪些意见等由学校自主决定。学校也可以不提出意见，保持沉默（上级指令性任务除外）。

4．建议性

学校按照有关要求，对某一重要问题在规定的时间内，提出针对性和建议性的意见。学校提出的意见对于公开征求意见的部门没有刚性约束力，是否采取由征求意见的部门决定。

（三）《意见》范文及写作指要

1．范文

根据以下情景，本书提供范文一篇（以虚构的重庆××大学为例）：

按照2019年12月28日全国人大网公布的《中华人民共和国民法典（草案）》公开征求意见的要求，学校对《中华人民共和国民法典（草案）》提出意见。

重庆××大学关于《民法典（草案）》的意见

百家争鸣谈民典，千呼万唤始出来。《民法典（草案）》首次亮相，接受公众"评判"。《民法典》是民事权利的宣言书和保障书，具有划时代里程碑意义。我国《民法典（草案）》共分为七编，共1260条。为民立法，立法为民，经典立法，是中华人民共和国成立70年来民事立法和法制建设的伟大成就，成果丰硕，特色鲜明，亮点纷呈，闪耀着"以人民为中心"的光芒。

一、《民法典（草案）》的亮点

亮点一：治理"高空顽疾"，为公民提供"头顶保护伞"。

近年来，频频发生的高空抛物坠物事件，被人们形象地称为"悬在城市上空的痛"。《民法典（草案）》第一千二百五十四条（禁止从建筑物中抛掷物品。从建筑物中抛掷物品或者从建筑物上坠落的物品造成他人损害的……），该法律条文展现的亮点：一是明确了高空抛物、坠物建筑物管理人安全保障义务以及未履行安全保障义务的侵权责任；二是有证据能够确定侵权人的由侵权人承担责任；三是不能确定具体侵权人的采取推定原则，有可能加害的建筑物使用人给予补偿；四是确定了有关机关调查并查清责任的义务，依法免除了受害人的举证责任，有利于保护受害人合法权益。

亮点二：治理"民间借贷乱象"，禁止高利放贷、套路贷，维护民间借贷市场正常经济秩序。高利放贷、套路贷猛于虎也。据《中国裁判文书网》搜索统计，截至2021年9月23日，涉及高利贷案件各级人民法院裁判文书共计11669篇文书。

由此可见，高利贷、套路贷有愈演愈烈之趋势。在国家机关严打重压之下，高利放贷、套路贷得到一定遏制。《民法典（草案）》第六百八十条"禁止高利放贷，借款的利率不得违反国家有关规定"，该法律条文突出的亮点是：禁止高利放贷、套路贷，从法律的高度和层面界定"高利放贷、套路贷"是违法行为。

亮点三：适应新情况，增加保护网络虚拟财产制度，拓宽了公民财产保护客体，为公民拟财产权提供法制保障。

亮点四：不回避"敏感问题"，创设"禁止性骚扰制度"。

性骚扰（英语：sexual harassment）指以性欲为出发点的骚扰。《民法典（草案）》第一千零一十条关于禁止性骚扰条款（违背他人意愿，以言语、行为等方式对他人实施性骚扰的，受害人有权依法请求行为人承担民事责任……)，显著的亮点是明确单位责任主体，即单位的责任是：应采取合理保护措施，建立受理投诉机制，防止和制止利用职权、从属关系等实施性骚扰。

亮点五：突出保障公众私生活"隐私"，构建公民个人信息安全"防火墙"。

近年来"人肉搜索"频频出现，电信诈骗花样百出，骚扰电话频频扰民，扰乱了公民私人生活，人民期待私人生活安宁权，民有所呼，法有所应。《民法典（草案）》第六章隐私权和个人信息保护（第一千零三十二条至第一千零三十八条），突出的亮点：一是第一次从法律层面，界定了隐私和个人信息的含义。隐私是自然人的私人生活安宁和不愿为他人知晓的私密空间、私密活动、私密信息。二是隐私保护六项禁止行为，界定了公民隐私保护的外延边界。三是明确并扩大了隐私和个人信息的范围。四是明确了个人信息收集、处理的原则和条件。五是明确了国家机关及其工作人员在履行职务中须保守自然人的隐私和个人信息，不得泄露或者向他人非法提供。

二、意见和建议

1．为打通生命道路立法。建立公用消防通道畅通抢救生命保护制度

画红线、拉警戒，破解"占用消防通道顽疾"，打通救人生命通道。2020年1月1日17时许，重庆渝北区加州花园发生火灾，消防通道被堵耽误救援。中华网新闻频道、人民网四川频道、新浪网等主流媒体纷纷报道和谴责占有占用堵塞消防通道恶劣行径。

建议在《民法典（草案）》第一千二百五十六条（在公共道路上妨碍通行的物品造成他人损害的……）增加一款，法律条文为：在消防通道禁止停车、堆放物品等妨碍救护车、消防车等特殊车辆畅通行为，造成他人损害的，由行为人承担侵权责任。物

业公司、消防机关负有管理责任，不能证明已经尽到清理、防护、警示等义务的，应当承担相应的责任。

2．为诚信立法，创设"公民个人失信信息披露警诫制度"

治"老赖"、罚失信，建诚信社会，助推失信人增强诚信观念。在我国惩戒失信人虽然取得一定成效，但由于公布失信人信息的主体资格过于狭窄，仅限于法院和行政机关，故对失信人公布且让全社会周知的效果受限。诚信乃为人之本，诚信乃做事之根，诚信乃社会之基。人不诚，不可交往，人无信，不可为伍。故此，建立"公民个人失信信息披露警诫制度"势在必行，在全社会营造让失信人无地自容，成为"过街老鼠"人人喊打的良好社会舆论氛围，为建设诚信社会增光添彩。

建议在《民法典（草案）》第一千零三十八条（信息收集者、控制者不得泄露、篡改其收集、存储的个人信息；未经被收集者同意，不得向他人非法提供个人信息……）；增加一款，法律条文为：公民个人失信信息的管理者、发布者、转载者等向第三人、社会披露、公布失信人失信信息不视为侵犯公民隐私和个人信息，因篡改、造假等披露失信人不实信息承担侵权责任。

3．为"弱势群体"成年人立法，急需建立"高等教育不能独立生活年满18周岁成年人监护人扶助制度"

重教育，育人才，聚焦高校贫困大学生"弱势群体"，破解高校贫困生助学难题。我国高等教育已进入大众化时代，据教育部官网2020年教育统计数据显示，高等教育学校在校生人数5222.9952万人，绝大部分都是年满18周岁成年人。一些贫困大学生由于经济上的拮据，他们的学习和生活受到了一定影响，已有案例贫困大学生起诉父母亲要求支付生活费和教育费，但由于法律空白，成年大学生要求父母亲支付生活费和教育费法院一般不予支持。

依据《婚姻法》第二十一条规定，父母对子女有抚养教育的义务；子女对父母有赡养扶助的义务。父母不履行抚养义务时，未成年的或不能独立生活的子女，有要求父母付给抚养费的权利。《中华人民共和国婚姻法》（以下简称《婚姻法》）对未成年的或不能独立生活的子女有抚养义务。《劳动法》（2018修正）第十五条规定，禁止用人单位招用未满十六周岁的未成年人。

综上所述，依据《婚姻法》《民法总则》和《劳动法》等法律规定，公民年满16周岁有劳动的权利义务。高校年满18周岁的贫困大学可以通过勤工俭学、兼职等获取劳动报酬，由于法律没有明确规定年满18周岁成年人大学生父母亲具有法定的抚养教育的义务，建立"高等教育不能独立生活年满18周岁成年人监护人扶助制度"是人才强国和高等教育持续健康发展的需要。

建议在《民法典（草案）》第一千零六十七条（父母不履行抚养义务的，未成年子女或者不能独立生活的成年子女，有要求父母给付抚养费的权利……），增加一款，法律条文为：父母对接受高等教育不能独立生活的成年子女负有扶助义务。

4. 构建"同标准交通事故死亡赔偿制度"

生命平等，生命等价，公平保护，废除"双标准"。目前，机动车交通事故责任对于死亡赔偿金（被扶养人生活费并入死亡赔偿金），依据道路交通法律法规实行"双标准"即按照城市人口和农村人口实行不同的赔偿标准，导致赔偿额差距巨大。

依据《最高人民法院关于审理人身损害赔偿案件适用法律若干问题的解释》（法释［2003］20号）第二十九条规定，死亡赔偿金按照受诉法院所在地上一年度城镇居民人均可支配收入或者农村居民人均纯收入标准，按二十年计算。

建议在《民法典（草案）》第一千二百零八条（机动车发生交通事故造成损害的，依照道路交通安全法和本法的有关规定承担赔偿责任）。增加一款：法律条文为：机动车发生交通事故造成人身死亡损害的，死亡赔偿金为上一年度全国城镇居民人均可支配收入的 20 倍。

《民法典（草案）》编撰成功是一项伟大世纪工程，体现了"中国智慧"，广泛吸收了国际立法经验，广泛采纳了立法机关、司法机关、检察机关、法学大师、法官、检察官和律师等有益的意见和建议，后来居上，填补了法律真空和盲点。全国人大最高权力机关审议通过实施后，必将成为我国公民"社会生活百科全书"。

重庆××大学

2020 年 1 月 22 日

2. 参照范文，学习和指导写作

（1）注意时效性，在规定的时间内提交意见。预期则视为弃权。

（2）标题书写正确。如范文：重庆××大学关于《民法典（草案）》的意见。注意不要把"意见"写成"建议"或"意见建议"。因"建议"不属于公文文种，"意见建议"亦不是一种文种。但在《意见》内容中，可以提"建议"。

（3）善于提出肯定意见。《意见》中应对《中华人民共和国民法典（草案）》给予高度肯定和认同。这亦是最好的"意见"，表明了态度和基本观点。如范文中的"亮点"部分，构成了《意见》中重要不可缺少的部分。

（4）提出的意见有价值、有特色、有亮点，对立法的参考价值主要体现在：

一是为打通生命道路立法。建立公用消防通道畅通抢救生命保护制度。

二是为诚信立法，创设"公民个人失信信息披露警诫制度"。

三是为"弱势群体"成年人立法，急需建立"高等教育不能独立生活年满 18 周岁成年人监护人扶助制度"。

第五章 高校常用事务文书写作

第一节 工作计划

事务文书属于广义的公文范畴,是处理公务所用的一种工具,没有统一规定的文体格式。

事务文书是企事业单位、机关等单位在处理日常事务时,用来新闻报道、部署工作、总结得失、制定制度等的实用文体。主要包括:工作计划、工作总结、新闻报道、规章制度等。

一、工作计划的概念

《礼记·中庸》中说:"凡事预则立,不预则废。"道出了计划的重要性。

无论是单位还是个人,无论办什么事情,事先都应有个打算和安排,这就是计划。工作计划是一种事务性文书,是指国家机关、社会组织、企事业单位等对一定时期内的工作预先提出目标措施、进度安排的文书。简而言之是指单位或部门将来做什么事。

二、高校工作计划的分类

1. 按性质分为

按性质可分为学校党务工作计划、学校行政工作计划。学校党务工作计划可以分为学校党委工作计划、党总支工作计划、党支部工作计划。学校行政工作计划可以分为若干单项工作计划(如:学校教学工作计划、学校科研工作计划、学校学生工作计划、学校安全工作计划等。通常高校把党务工作计划和学校行政工作计划"合二为一"。如:重庆××大学2021年党政工作计划。

2．按时间分为

按时间可分为长期计划、中期计划、短期计划和年度工作计划等。高校中长期计划一般是指高校发展规划（具有全局性的较长时期的长远设想）。目前，我国高校依据《国家教育事业发展"十四五"规划纲要》，正在编制《学校"十四五"事业发展规划》。高校最常用的计划是年度工作计划。如：重庆××大学2020年党政工作计划。

3．按形式分为

按形式可分为条文式计划、表格式计划和文表结合式计划。高校一般使用条文式计划，最常用的计划是年度工作要点（列出工作主要目标的计划）。

三、高校工作计划的特点

1．预见性

预见性是计划的最显著的特征。工作计划是根据党和国家的法律法规、方针政策以及上级主管部门要求等，结合本单位工作实际，制定的事先对工作的任务、目标、方法、措施所做出的科学预见性确认。计划不是对已经形成的事实和状况的描述，而是对未来的工作做出的预先安排和部署。

2．可行性

工作计划即"做什么"及"做到什么程度"。这是计划的核心部分。工作计划是建立在现有人财物基础之上的未来工作设想和工作打算，要发挥学校教职工的主动性、创造性，但无限夸大人的主观能动性，工作计划中的目标过高过大，则工作计划的可行性不强，工作目标则会成为"水中月，镜中花"，是无法实现的一纸空文。

3．约束性

学校工作计划一经批准，对学校各单位和全体教职工具有刚性执行效力。学校通过奖惩措施、督查检查等保证工作计划的有效实施。

四、编制高校工作计划指要

（一）工作目标明确，工作任务确定

学校需要做什么，达到什么效果，要明确工作目标和任务。高校为国家培养栋梁之材，承担教学教育、科研和为社会服务的任务。但不同的时期不同的阶段有着不同的职责和任务。一是法定新任务。特别是新法规定的义务，依法应纳入学校工作计划。比如：《民法典》第一千零一十条规定，明确了高校应当采取合理的措施，防止和制止利用职权、从属关系等实施性骚扰。故此，学校应把禁止性骚扰义务纳入工作计划，如：建立禁止和预防性骚扰规章制度，并把禁止性骚扰纳入工作目标考核范畴。二是上级和学校主管部门规定的新的工作任务，应当纳入工作计划。如：《教育部办公厅关于在思政课中加强以党史教育为重点的"四史"教育的通知》（教社科厅函〔2021〕8号）（2021年4月16日实施）提出："高校思政课必修课要进一步深化以党史教育为重点的'四史'教育"，要求有条件的高校要开设以党史教育为重点的"四史"思政课等。故此，我国高校思政课从2021年4月16日始应把"四史"教育作为教学内容，高校应制定思政课"四史"教育教学目标和教学任务。再比如：中共中央印发《关于在全党开展党史学习教育的通知》（2021年2月26日实施），作为高校在2021年应把在全校党员中开展党史学习教育，作为高校党的建设的工作目标和工作任务。

（二）实行责任制

著名的和尚挑水故事，蕴含着深刻哲学道理。其寓意是：做一件事，分工和责任不明确不落实，人多反而办不成事。为顺利

达成工作目标，圆满完成工作任务，按照管理学责任制原理，应层层（学校校级管理层级、学校各处室各教学单位层级、岗位层级）落实工作目标责任，工作任务落实到具体岗位，形成"层层传导压力、人人担负任务"的工作格局，营造"千斤重担人人担，齐心协力促发展"良好氛围，避免相互推诿和扯皮现象发生。

（三）数据量化性

工作目标和任务切忌使用"通用性模糊语言"表述。如：做好教学工作，完成工作任务；尽心尽力做好档案管理工作，一丝不苟做好文秘工作等，像这样的工作目标任务难有考核标准，难以考核，不具有操作性。学校工作目标任务应当可数据量化，具有操作性和考核性。如：规范并加强成教招生宣传工作，力争2021年成人高等教育招生人数达到2000余人；在规范办学基础上，争取新增合作单位1个以上，扩大对外合作助学规模，提升自学考试办学效益；加强对外宣传工作，2021年学校在《中国教育报》《光明日报》发表文章3篇。

（四）发展性

发展才是硬道理。高校工作目标任务应体现发展性。如：2021年自学考试招生人数在2020年招生人数基础上增长10%；加强新专业申报工作，2021年成人高等教育新专业较2020年增加3~5个。

（五）安排合理，措施可行

一是合理安排工作推进日程，落实到每周每月，不浪费时间，确保工作任务有序推进。二是实行"工作目标任务年度考核和奖惩制度"，以考核刚性约束促进工作目标任务完成。三是合理配置人力、物力和财力资源，确保资源配置与工作目标任务相匹配，资源保障工作目标任务完成。

五、高校工作计划范文及写作指要

（一）重庆××大学2020年党政工作计划（范文）

一、重点工作

（1）深入学习贯彻习近平新时代中国特色社会主义思想。始终保持"不忘初心、牢记使命"的责任感、使命感和光荣感，突出政治意识，牢固树立干部职工"四个意识"，坚定"四个自信"，坚决做到"两个维护"，着力提升教职工的思想品德修养和政治理论水平，把教职工的思想统一到党和国家的方针政策上来，凝心聚力，奋发有为。

（2）树牢安稳第一思想，把校园安全整治作为学校各项工作的重中之重，务必确保学校安全稳定。把安全稳定工作纳入党政主要领导主抓工作，摆在更加突出位置，把安全稳定工作作为底线任务，执行一把手负责制，确保学校安全工作统领、统一部署、统一推动，建立健全"一岗双责"责任制，层层落实责任、人人落实责任，层层传导压力；坚持问题导向，查漏补缺，举一反三，建立安全工作台账；坚持"地毯式"精准排查，应查尽查，确保安全排查工作无"盲区"、无"禁区"；持续抓好常态化疫情防控，做好定期应急演练，确保校园安全稳定。

（3）全力以赴做好学校"十四五"规划编制工作。以《国家教育事业发展"十四五"规划纲要》和重庆市教育事业发展"十四五"规划为依据，高质量、高效率完成学校总规划、专项规划、各二级学院规划评审与定稿工作。

（4）把加强师德师风建设作为打造高素质教师队伍的重要保证，不断夯实高质量发展根基。通过完善制度建设、设置师德师风"示范岗"、强化警示警醒宣传教育、完善奖惩机制等方式，建构师德师风建设长效机制，深入推进师德师风考核负面清单，实行师德失范"一票否决制"，从严、从快和从重查处师德师风违法违纪违规行为，保证师德师风建设常抓不懈，不断提高巩固师德师风建设成果，积极营造优良师风、教风、校风。

（5）把抓标志性成果作为深化教育教学改革的突破口，全面提升学校竞争力、影响力。当前学校标志性成果数量不足、特色不显著。要一心一意谋发展，聚精会神抓好标志性成果培育，励精图治，奋勇推进。着眼未来、科学规划，推动形成浓厚的教书育人氛围，努力践行为党育人、为国育才，持续增强发展动力、强化内涵建设。

二、主要工作

（一）教学工作

（1）以专业建设为龙头，做好2020年新专业申报工作，特别是工学、理学和经济学等重点学科的新专业申报工作，力争成功申报新专业10~12个，较2019年稳中有长。启动品牌示范专业建设工作，做好学科和专业带头人的遴选工作。

（2）加强调研，以市场和用人单位需求为导向，完成2020版本科专业人才培养方案修订工作，增强人才培养方案的适用性、有效性。

（3）在第八届教师全员赛课基础上，组织实施好第九届教师全员赛课活动，评选出教学赛课特等奖、一等奖、二等奖、三等奖；评选出学生最喜爱的教师。开展"教学示范岗"教师上示范课活动，组织并鼓励教师参加"重庆市课堂教学大赛"，争取获得二等奖及以上奖项。

（4）建立并完善学生选择任课教师制度和学生评教制度，以学生选择制倒逼教学质量提升，倒逼教师不断改进教学方式，增强教学吸引力和竞争力。

（5）积极开展毕业生优秀和优良论文评选活动，组织校外专家采取"盲评"和交叉方式，评选出优秀毕业论文 30 篇，优良毕业论文 50 篇，并在学校网站公示。

（二）学科科研工作

（1）精心规划，精准准备，组织校内专家团队，集体集中力量，攻坚克难，组织开展好国家重大科技专项、国家重点研发计划、国家自然科学基金重大项目、国家社会科学基金重大项目力争成功申报 12 项以上，较 2019 年至少增加 5 项。

（2）完善和调整学校科研奖励办法。获得国家重点实验室、国家技术创新中心项目奖励 200 万元/项；获得国家重大科技专项、国家重点研发计划、国家自然科学基金重大项目、国家社会科学基金重大项目、国家杰出青年科学基金项目奖励 150 万元/项；其他科研项目奖励不变。

（3）做好 2020 级工商管理专业、软件工程专业、电子信息科学与技术专业、环境科学与工程专业学位硕士研究生的招生、录取和报到工作。

（三）师资队伍建设工作

（1）大力实施人才引领发展行动。引进海外普林斯顿大学、芝加哥大学、斯坦福大学、圣安德鲁斯大学、兰卡斯特大学等世界著名大学博士研究生 8~10 名，优化学校师资队伍，组建学校名师专家库。

（2）大力实施"双师型"教师队伍建设，采取灵活选人用人机制，2020 年聘任"双师型"教师 20 名。

（3）加强辅导员队伍建设，引进 5 名博士担任辅导员工作，切实提升辅导员队伍综合素质，做好优秀辅导员评选工作。

（四）继续教育和培训工作

（1）强化成人高等教育招生宣传工作，争取政策支持，增加招生计划 200 人，2020 年力争完成招生录取人数 4000 人，比 2019 年增长 630 余人。

（2）新专业申报有所突破，争取较2019年增加申报新专业3~6个，为建设学院品牌专业群奠定坚实基础，保证学校专业满足考生需求。

（3）扩张规模，合作办学取得新进展。2020年较2019年新增加校外函授站4~8个，校外函授站学生增加500余人。

（4）齐心协力，力求国培计划项目获批16个，总经费达到700万元。

（5）精确发力，加强与地方政府、企业和事业单位沟通协调，横向培训项目达到65项，培训人数达到3500人次，培训经费达到300万元。

（6）改革创新，自学考试取得新成就。申报新专业10个；较2019年新增加招生人数600人，确保自考在籍人数达到10000余人。

（二）参照范文，学习和指导写作

1．高校工作计划要体现三性（量化性、目标性和发展性）

重庆××大学2020年工作计划充分体现了"三性"。围绕"培养人才"这个主题展开，是对2020年学校工作的科学策划和合理安排。该校工作计划突出的特色和亮点是量化性、目标性和发展性。

（1）量化性，适用性和操作性强。最大的优点是"靠数据说话"。如：做好2020年新专业申报工作，特别是工学、理学和经济学等重点学科的新专业申报工作，力争成功申报新专业10~12个；引进海外普林斯顿大学、芝加哥大学、斯坦福大学、圣安德鲁斯大学、兰卡斯特大学等世界著名大学博士研究生8~10名等。

（2）目标性。明确了学校2020年工作要做到什么程度，要取得什么效果。

目标明确为学校及全体教职工的工作指明了努力方向，具有很强的指导性。如：加强辅导员队伍建设，引进5名博士担任辅导员工作，切实提升辅导员队伍综合素质；大力实施"双师型"教师队伍建设，采取灵活选人用人机制，2020年聘任"双师型"教师20名，切实提升学校应用型人才培养质量等。

（3）发展性。体现了发展才是硬道理的思想理念。只有发展学校才有希望，才能提升学校核心竞争力。如：2020年较2019年新增加校外函授站4~8个，校外函授站学生增加500余人；改革创新，自学考试取得新成就。申报新专业10个；较2019年新增加招生人数600人，确保自考在籍人数达到10000余人等。

2．语言文字精练简洁

语言突出的亮点是"三无"（无套话、无空话、无废话）。语言提炼精美，妙语连珠。如：以专业建设为龙头；精心规划，精准准备；精确发力；大力实施人才引领发展行动；扩张规模，合作办学取得新进展；改革创新，自学考试取得新成就等。

第二节　工作总结

一、工作总结的概念

工作总结是指单位和部门定期或不定期对工作计划完成情况进行回顾和评价的事务文书。在工作总结中概括出工作成绩、工作亮点特色，提炼并形成工作经验与教训，实事求是找准问题与不足，进而提出工作改进举措，用以指导未来工作的开展。

二、高校工作总结的作用

（一）指导作用

这是指对学校未来工作的指导性。一是工作目标实现情况对未来制定工作计划的指导性。如果工作目标超额完成，还有提升空间，那么学校未来工作目标还须适当拔高；如果工作目标未能完成，尊重实事求是原则，那么学校未来工作目标应适当调低。二是工作特色和亮点为学校宣传工作提供了原始素材，应大力宣传和推广，扩大学校知名度。三是工作总结中指出的"问题及原因分析"，为学校制定整改措施提供了依据。问题产生的原因如果是经验不足、能力不够、专业知识不精，学校应强化教职工培训，提升工作技能；问题产生的原因如果是人手不够，学校应调整人力资源配置，调整工作职责。

（二）汇报作用

一是向学校教职工汇报。遵循惯例，年度末学校要召开年度工作总结会。在会上，学校校长要做工作总结报告，校长要进行全面工作总结，回顾过去，展望未来，激发教职工"撸起袖子加油干"。二是向上级领导和主管部门做工作汇报。上级领导和主管部门来学校检查指导工作时，学校主要领导要对学校突出的工作业绩、特色亮点、存在的问题等进行汇报，争取上级主管部门给予政策、资源支持。

（三）考核作用

高校主管部门是高校办学领导和指导部门，主管部门要对直属高校进行工作考核，包括：对学校领导班子的考核。考核的指标较多，如：学籍管理工作、学生管理工作、安稳工作、教学工作等。学校工作总结作为考核重要支撑材料，为考核提供证据证实作用。

三、高校年度党政工作总结写作

（一）写作指导

1. 标题（单标题）

由单位名称、年度、工作名称和文种名称四项内容组成。如：重庆××大学2020年度党政工作总结。

2．正文

（1）开头：总体概述，简洁明快，用一个自然段概括。如：重庆××大学2020年党政工作总结开头部分"2020年，在市委教育工委、市教委的正确领导下，以成渝双城经济圈建设为契机，以申博攻坚为引领，以推动跨越式发展为主线，以人才培养和科研转化为抓手，围绕'创品牌，提质量，强科研'的工作思路，求真务实的领导班子紧紧依靠和带领广大师生以饱满的工作激情、开拓进取的精神状态和敬业奉献的工作作风，真抓实干，迎难而上，学校事业蓬勃发展，取得显著成绩"。

（2）主体。主体一般包括四部分："一、突出的工作业绩"（重点部分）；"二、特色亮点"；"三、存在的问题及原因分析"；"四、改进措施及建议"。

（3）结尾：简述过去，继往开来，提出新希望、新目标。

（二）写作要求

1．耳目一新，突出小标题（主旨句）

高校年度工作总结正文部分，由若干自然段构成。每个自然段都应该书写一个主旨句（小标题）对该自然段进行高度概括。主旨句（小标题）起到"画龙点睛"的功效。如：《重庆××大学2020年党政工作总结》列举以下供写作参照的主旨句（小标题）：

（1）以"安全"为抓手，严控办学风险。

（2）以"规范"为前提，推动留学生教育规模发展。

（3）以"学生"为中心，卓有成效开展就业工作。

（4）以"变革"为思路，加强普通本科学分制改革。

（5）以"法纪"为标杆，做到考试组织零事故。

2. 数据"说话",善于应用数据

客观真实的数据是最有力的"无声的证据",事实胜于雄辩。在学校工作总结中恰当引用和使用数据,可为工作总结增添数据元素,增加信任含金量,凸显工作成绩。如:

(1)大力引进优秀人才。2020年引进国内知名高校和海外留学博士80余人,聘任了黄××、王××、赵××三名院士。新增国家科技创业领军人才3人、重庆市科技创新领军人才5人、巴渝学者4人。

(2)千方百计开拓市场,培训工作不断拓展。精心组织"国培计划"项目,着力打造校(园)长培训特色项目,共完成培训项目28个,累计培训3000多人,年度培训收益达到680万元。

(3)科学研究成果丰硕。2020年学校把科学研究纳入学校目标管理,健全了学校科研考核和激励机制,科学研究质量提档升级,与2019年相比较,高级别论文,特别是SCI收录论文显著增长,达到167篇,增长了5.63倍;EI收录论文189篇,增长2.56倍。科研项目明显增长,获得纵向项目336项,增长了2.13倍,其中国家自然社会科学基金项目增长了20倍,国家社会科学基金项目增长了5倍,项目经费分别增长30倍和7.8倍。

3. 找准问题,持续改进

要有实事求是的态度。对工作做一分为二的分析和评价,对成绩不夸大,对问题不缩小。高校年度工作总结中"存在的问题"部分是非重点部分,但是关键的部分。金无足赤,人无完人。工作亦不可能完美无缺。没有最好,只有更好。没有一个批判的大脑,很容易走向盲从和迷信。坚持"找准问题就是成绩、解决问题就是贡献"的理念,找准问题,找准差距和不足,找准薄弱环节,找准努力方向,深刻分析原因,明确症结所在,定准整改措施,及时整改到位,学校工作在改进中进步,在进步中发展。

四、高校工作总结范文及写作指要

本研究仅以重庆××大学继续教育工作总结为例,来评析高校工作总结的写法。

(一)高校继续教育工作总结(范文)

重庆××大学继续教育学院2019年工作总结

在学校党政正确领导下,学院领导班子开拓奋进,团结并依靠全体教职工,持续加强内涵建设,以"抓改革、强质量、增效益、促发展"为主题,负重前行,务实奉献,创造了良好的工作业绩,各项工作迈上了新的台阶。

一、突出的工作业绩

(一)精准发力,成人高等教育再创新业绩

1. 招生依法依纪,招生录取人数增长提速

招生宣传到位,精准执行政策。学校严格遵照和执行《重庆市教育委员会关于××××××××××的通知》(×××发〔×××〕××号)等文件规定,一丝不苟,规定标准要求不走样,招生录取零事故。2019年,累计报名人数3369人,成教录取人数达到3267人,录取率达到96.97%,招生录取人数较2018年增长6%。

2. 抢抓机遇,新专业申报取得可喜成绩

依据市场需求指导专业建设的原则,学院进行了广泛、深入、深度调研,实地走访企业100余家,调研用人单位80余家。2019年向重庆市教育委员会申报广播电视编导、广播电视学、数据科学与大数据技术、金融数学、智能电网信息工程、微电子科学与工程、高分子材料与工程、食品科学与工程专业等新专业12个,全部获得批准,申报成功率100%,新专业的成功申报,优化了学校成人高等教育的专业结构,拓宽了学校成教招生的口径,增强了学校招生核心竞争力。

3. 典型示范，校外函授站建设迈出新步伐

函授站与学校唇亡齿寒和休戚相关，函授站是学校办学的一扇窗口和门面。函授站的师资队伍、办学设备设施和办学质量直接影响着学校优良形象和良好声誉。截至目前，我校已有校外函授站15个，为建设高水平高质量校外函授站，精心打造校外办学品牌，学校制定了《重庆××大学校外示范函授站建设和评估指标体系》，并以文件的形式发放到函授站。函授站每年6月份申报，学校组织评估专家采取"盲评"的方式，评选出示范函授站1~2个，授予"重庆××大学示范函授站"称号，并对任课教师、教务管理人员和管理领导给予物质和精神奖励，发放奖金，颁发证书。

4. 质量为本，教学质量稳步攀升

牢固树立和践行"规范即质量，质量即发展"的教学理念，多管齐下、多措并举不断提升教学质量，学生各专业各课程考试考核成绩优良，优等生（平均成绩90分及以上）较2018年大幅度提升，占学生人数比为78.86%，平均成绩60分以下的学生占学生人数比为8.15%。毕业生取得双证（毕业证和学位证）率为100%，办学声誉影响良好。主要措施包括：一是唯才是用，遴选一批"德高望重、业务精良、高学历、高职称"教学效果好的名师对成人高等教育学生授课，打造教学名师品牌效应。二是加强教学督导，督导提升质量。组织主管教学的领导、专兼职教学督导员深入课堂听课80余次，为任课教师提升教学质量、改进教学方式提出建设性的意见和建议。三是坚持学生选择任课教师制度，让学生"淘汰"不满意不合格教师，任课教师教学效果、教学方法方式等好不好，学生最有发言权，以学生选择任课教师的制度倒逼教师不断改进教学方法，不断提升业务素质，不断提升教学水平能力。四是严格考试考核制度，考出真水平，考出真实力，用严格的考试制度促进学生的学习动力和优良学风的形成。五是

建立健全任课教师进入和退出教学机制，始终保持任课教师队伍一流水平。

（二）开拓奋进，培训工作开创新局面

1. 锦上添花，国培计划项目名列重庆市前茅

为了提升国培计划项目申报的成功率。学校组建了四个"精英型"工作小组，为高起点、高标准、高水平开展国培计划项目申报工作提供智力支持，确保国培计划申报工作优质高效顺利推进，提升申报质量、水平和有效性，组建"调研工作小组、数据分析工作小组、项目申报材料工作小组和后勤服务保障工作小组"四个"精英型"团队，建立了一支"高端、高层次、高水平"的专业化、专家型国培计划项目申报工作队伍，对申报工作进行指导、咨询、评议。学校根据《教育部办公厅财政部办公厅关于做好2019年中小学幼儿园教师国家级培训计划组织实施工作的通知》（教师厅〔2019〕2号）精神，按照《重庆市教育委员会×××关于××××××××的通知》（×××发〔××××〕××号）要求，精心组织，精益求精，2019年申报国培计划项目：青年教师助力培训、深度贫困乡镇教师名校跟岗研修、学科名师培养对象培训、教师培训者团队研修、未来教育引领团队研修、幼儿园教师访名校研修、民办幼儿园园长规范办园培训等15项，获批14个项目，总计费用680万元，占培训总经费为10.46%（2019年国培计划项目总经费为6500万元，其中中西部培训项目5000万元，幼儿国培项目1500万元），取得了优良的培训业绩。

2. 精准开发，市场培训开创新领域

精心谋划拓市场，聚精会神搞开发。充分发挥高校人才优势、科研优势和校友资源优势，学校勇于跳出地域限制，开阔眼界，强化与政府、学校、企业等横向联系，2019年完成了铜梁区、开州区、黔江区、合川区、四川省成都市金牛区、贵州省六盘水市、

毕节市等高校和中小学委托培训项目59个，培训人数3000余人，培训经费278万余元。

（三）持之以恒，自学考试再上新台阶

1. 专业牵引，建构自考专业群

树牢专业就是竞争力，就是就业，就是"饭碗"的思想理念，2019年在专业申报时，通过广泛市场调研和精心的方案设计，向重庆市教委申报并获得批准了"食品质量与安全、文物与博物馆学、数据科学与大数据技术、数字媒体艺术、地理科学（师范）"等八个本科专业，新增专业数位居重庆各高校前列。新专业的获批，有利于打造自考优势专业集群，大大地提高了学校自考办学适应市场的能力，有利于提升自考学历含金量，有利于提升学生就业竞争力。

2. 改革教学模式，增强自考适用性

针对自学考试生源大多来自学校全日制在校学生的实际，这部分学生主修专业是参加高考被学校录取的专业，课程学习任务较重，自考专业学生在学校教师集中上课常常与主修专业冲突，学校积极适应新情况，主动思变，推进自考教学改革工作，利用现代信息教育技术，构建线上学习与线下学习相结合的混合教学模式，着实解决自考学生的学习困难，深受学生欢迎。

3. 勇于创新，探索"双证双位"复合型人才培养模式

以学生需求为导向，以改革创新为突破口，积极探索职业大学教育与高等教育自学考试有机无缝对接，探究学分互认制度，构建学校职业大学第一专业（职教专业）+第二专业（自考专业）"双证双位"复合型人才培养模式。通过开办自考本科二学历的方式，使学校获得"两个毕业证书"和"两个学位证书"，进一步提升学生综合素质，切实提升学生就业竞争力，提升高等教育自学考试学历学位含金量和信誉度。

（四）管控办学风险，全面强化学生学员管理工作

1. 重新修订和完善学生管理制度

根据教育部《普通高等学校学生管理规定》（教育部令第41号）规定，修订和完善了《班主任管理实施办法（修订）》《教学运行管理办法（修订）》《学生学籍管理实施细则（修订）》《自学考试助学管理办法（试行）》《校外函授站学生安全管理制度》《培训学员工作手册》等，强化学生学员学习过程严管。

2. 以强化学籍管理为抓手，强化学历教育学生学籍管理工作

对在籍学生学籍进行了"一对一""拉网式"逐一核实和清理，并完成了2017届、2018届的5321名毕业学生学籍档案收集、整理、存档和毕业资格审核工作。

3. 常抓不懈，强化学生学员的日常教育工作

利用重庆市高校继续教育资源共建共享管理平台、高等教育自学考试信息管理平台、QQ群、微信等现代信息资源，加强了学生从入学到毕业（结业）的全环节监督监管工作。

4. 安全第一，强化学生学员安全法纪教育工作

利用开学典礼、开班典礼、班会、班级活动等，加强学生、学员安全法纪教育和政策讲解工作，及时与学生学员签订《安全承诺书》，还为参训校外函授站的学生和在校培训学员购买团队校方责任险、意外伤害保险。

5. 多方联动，加强学员管理联动机制建设

积极构建学生、学员、学校、家长、合作单位多维度沟通机制，及时将学生、学员学习期间的动向通过博客、QQ、微信、电话等渠道告知相关单位或家长，通过严格化、精细化、人性化的管理和服务，确保了安全零事故。

二、工作特色和亮点

1. 创新引领促进发展

一是12个新专业深受考生青睐。新专业累计报名人数2367人，录取人数达到2367人，录取率达到100%，创历史新高。二

是高等教育自学考试构建混合教学新模式，变被动为主动，学生满意度高，新教学模式提升了自考招生吸引力，新增自考生2000余人。三是制度创新，提升教学质量。学校创建了"校外示范函授站建设""学生选择任课教师制度"，灵活应用"示范力量"和"倒逼机制"，教学质量和学生成绩极大提升。

2. 利益共享扩张规模

利益共享是市场经济高效优质运行的保障，加强合作共谋发展是2019年工作重点。一是精准布站，占领市场，新建成人高等教育校外函授站5个，共计招生1000余人，创经济效益300余万元。二是新增自考合作助学单位9所，共计招生2000余人，创造经济效益120余万元。三是教师培训项目在重庆市外四川省、贵州省等高校和中小学20余所，开展培训项目26个，创造经济效益150余万元。

3. 精英团队创造佳绩

精英团队的力量是无穷无尽的，齐心合力再创新业绩。一是学校组建了四个"精英型"工作小组申报国培计划项目，获批14个，总计费用680万元，突破学校历史最高纪录。二是组建成人高等教育名师教学团队，教学质量快速提升。

三、存在的问题及改进措施

（一）主要问题

（1）培训思路尚需拓宽，培训项目还需拓展；

（2）开展国际教育合作乏力，办法有限，思路受限；

（3）校企合作更需深化，协同机制有待加强。

（二）改进措施

（1）开放思维，敢于尝试，敢于创新，不怕失误失利，依托学校科研团队、专家团队等人力资源强势，积极开发培训新市场、新领域、新行业、新项目。

（2）加强专门研究，掌握国际教育合作办学规律和运行模式，积极探索合作方法方式，力求国际合作开创新天地。

（3）更新观念思路宽，校企合作快马加鞭。按照"共需共建"和"合作惠利"原则，争取地方政府政策扶持，使"产—教—学"进一步深度融合发展，切实推动产教协同育人落细落实，共建共享校企合作利益联盟。

在新的一年里，学院党政班子团结一心将继续带领和依靠全体教职工，紧紧围绕"提质量、扩规模、强内涵、创品牌、增效益"工作重点，着眼长远，精准谋划，持续增强实力，全面激发办学活力，务实推动学院各项工作蓬勃发展，再创佳绩，再立新功！

（注释：《重庆××大学继续教育学院 2019 年工作总结》是工作总结摘要，不包含2019年党建工作总结部分）。

（二）参照范文，学习和指导写作

《重庆××大学继续教育学院2019年工作总结》是一篇较好范文，可圈可点，文采精美，思路清晰，特色亮点突出，是一篇精美佳作。

1．结构为"总—分—总"结构

首尾遥相呼应，浑然一体，结构完整、完美和合理。

（1）总（开头部分）：简明扼要，精炼概括，以"虎头之势"引领下文。体现在"在学校党政正确领导下，学院领导班子开拓奋进，团结并依靠全体教职工，持续加强内涵建设，以'抓改革、强质量、增效益、促发展'为主题，负重前行，务实奉献，创造了良好的工作业绩，各项工作迈上了新的台阶"。

（2）分（即突出的工作业绩、工作特色和亮点、存在的问题及改进措施部分）是本篇工作总结的"重头戏""重点"和"精华"部分。突出的特点是"以精准精美的排比句"的方式，书写学院工作成绩。如：精准发力，成人高等教育再创新业绩；抢抓机遇，新专业申报取得可喜成绩；典型示范，校外函授站建设迈出新步伐；质量为本，教学质量稳步攀升等。人们在收获成绩的同时，亦收获了语言美。

（3）总（即结尾部分）。"虎头虎尾"前后呼应，堪称完美一体。结尾部分提出工作新要求、新希望，感染力强。体现在："在新的一年里，学院党政班子团结一心将继续带领和依靠全体教职工，紧紧围绕'提质量、扩规模、强内涵、创品牌、增效益'工作重点，着眼长远，精准谋划，持续增强实力，全面激发办学活力，务实推动学院各项工作蓬勃发展，再创佳绩，再立新功！"

2. 主旨句精简精美，为工作总结增添光彩

常言道："精简精美的主旨句，好比人的漂亮的脸蛋"，给人"靓丽之美"。本工作总结之所以堪称"范文"，最出彩的是"优美的主旨句"。如：锦上添花，国培计划项目名列重庆市前茅；精准开发，市场培训开创新领域；勇于创新，探索"双证双位"复合型人才培养模式。

3. 写作思维活跃，为工作总结"加分"

本工作总结应用了"比较思维""数据思维"和"创新思维"。

（1）比较思维（横向比较和纵向比较）。如：锦上添花，国培计划项目名列重庆市前茅；2019年，累计报名人数3369人，成教录取人数达到3267人，录取率达到96.97%，招生录取人数较2018年增长6%；专业累计报名人数2367人，录取人数达到2367人，录取率达到100%，创历史新高。

（2）数据思维，"数据说话"彰显可喜可信成绩。如：一是精准布站，占领市场，新建成人高等教育校外函授站5个，共计招生1000余人，创经济效益300万元。二是新增自考合作助学单位9所，共计招生2000余人，创造经济效益120余万元。三是教师培训项目在重庆市外的四川省、贵州省等高校和中小学20余所，开展培训项目26个，创造经济效益150余万元。

第三节 新闻

一、新闻的含义及要素

新闻是对新近发生、发现的事实的报道。

新闻一般有五个要素,即何时、何地、何人、何事、何因,简称"五要素",用英语表示就是:When、Where、Who、What、Why,简称五个"W"。

二、新闻的特征

(一)新:内容新

新是新闻最显著的特征。包括:新人、新事和新风尚。新人包括:新学生、新老师、新领导等。新事情是指学校最近发生的事情。包括:新生军训、新教师培训、新年茶话会、教学竞赛、法治知识竞赛、学生技能竞赛等。新风尚包括:教风、学风、师风师德等展现的新面貌。

(二)快:报道快

报道快是所有的新闻体裁中时效性的最基本要求。报道快是新闻"新"的要求,"快"则"新",一般不超过3日,增强阅读兴趣和新鲜感;"慢"则"旧",就成为"旧闻",就丧失报道价值。

(三)真:真实是新闻的生命

真实是新闻报道赖以发挥积极社会作用的基础和前提。人物、资料、数字等真实可靠,有据可查。特别是新闻中涉及人的姓名、性别、职务、职称和荣誉称号等要百分之百准确。如果是同名同姓还要写明单位信息等以示区别。

(四)短:文字简洁明快

新闻报道中的简讯是所有的新闻体裁中篇幅最短的一种。冗长的新闻，令人生厌。

三、高校新闻写作指要

（一）标题要概括主题

新闻一般使用单标题，很少使用双标题。标题要高度概括新闻内容，突出新闻主题、主要事实和主要内容，让读者一目了然。如：我校召开教育学学科一流专业建设研讨会；校领导调研指导继续教育学院工作；我校教师在重庆市第九届辅导员素质能力大赛中喜获二等奖。

（二）内容要新鲜

学校新闻是最近发生的事情，内容鲜活生动，聚焦人们关注焦点。如：教职工健身操比赛、新书记深入课堂听课、领导干部法制考试、学校申博成功等重大新鲜事。

（三）事实要准确

事实包括"五个要素"事实，尊重真实的准确的客观事实是新闻的内在要求和价值所在。严禁虚假编造事实，严禁浮夸或缩小事实。

（四）人物有讲究

1. 领导多重职务书写有讲究

高校校级领导有的既有党内职务，又有行政职务（如：高校校长具有双重身份，既是学校党委副书记，又是学校校长）。

在新闻中如何书写具有双重职务身份呢？要根据不同会议的性质和类别确定。一是只写单一职务。如：校长出席学校党风廉政会等党务会议，校长身份是党委副书记(行政职务可以不写)。如果校长出席学校教学工作会、科研工作会议等行政会议，一般只写"行政职务（校长）"，而"党委副书记"可以不写。二是写多重职务。如：校长出席学校党政联席会议，校长职务写：学校党委副书记、校长。

2．领导职务排序有讲究

一是具有党政职务，遵循党内职务优先原则。如：高校校长出席党政会议，职务排序是学校党委副书记、校长。二是具有高低不同职务，最高职务优先，低职务可以不写。如：本科高校副书记（副厅级），兼学校马克思主义学院院长（正处级）。三是现任领导优先。如：高校离退休工作会议，学校会邀请原任领导出席会议，一般按照现任领导优先原则排序，原任离退休领导排在现任领导后面。

第四节　规章制度

孟子曰："不以规矩，不能成方圆。"墨子也曰："轮匠执其规矩，以度天下之方圆。"毛泽东指出"军队向前进，生产长一寸；加强纪律性，革命无不胜"。这些都彰显了规章制度的重要性。

一、高校规章制度的基本含义

法律法规规定的高校法定义务是原则性和概括性规定，而高校依法依规建立健全的规章制度是把法定义务在高校制度化、具体化和"校本化"，成为高校、教职工和学生遵照执行的行为准则。规章制度表达形式有制度、办法、规则、规范、细则等。高校规章制度简而言之，就是规矩、规范和规则。高校秘书拟定单位规章制度是常规性的重要工作任务。

二、规章制度写作指要

（一）合法合规

合法性：制定高校规章制度的前提。从某种意义上说，高校规章制度的制定就是一种"立法行为"，它的运行过程应当纳入法制视野下操作，因为二者在目标旨趣与技术规程上本无二致。

高校规章制度必须合法合规，既是依法治校本质要求，又是规章制度生效的前提条件。

高校规章制度合法合规性主要体现在：

1. 依照法律法规之规定，高校制定和完善规章制度

依据《中华人民共和国食品安全法》（以下简称《食品安全法》）《中华人民共和国消防法》（以下简称消防法）《劳动法》《劳动合同法》等法律法规规定，高校应制定和建立相关管理规章制度。

主要包括：一是高校依据《食品安全法》第三十三条、第四十五条等规定，制定食品采购、加工、销售等系列管理规章制度。

二是高校依据《消防法》第五条、第十六条等规定，制定学校消防安全系列管理规章制度。三是高校依据《劳动法》第四条、《劳动合同法》第四条规定，制定和完善劳动管理规章制度。

2. 规章制度程序符合法律规定，程序违法的规章制度不具有法律效力

高校规章制度是高校管理的直接依据，是高校的"法"，其制定类似于"立法"活动，所以，高校规章制度的制定应符合法律、法规的相应程序。如：高校制定和完善劳动规章制度时，必须依据《劳动合同法》第四条规定的"民主协商程序""工会监督程序"和"公示或告知"程序制定、修改和完善劳动规章制度。

3. 规章制度内容合法合规

高校规章制度条款内容必须合法合规，并与国家法律保持一致，不能凌驾于法律之上。学校管理规章制度是对法律法规规定的权利和义务具体化、细化，以保证依法治校、依法执教和依法管理的落实和贯彻执行。

（二）合情合理

高校规章制度不仅要合法合规，更要合情合理。合情是指符合实际情况、符合传统美德、符合人性需求、符合人情等。合理是指符合道理或事理。从管理学、单位和领导角度，因法律法规赋予了用人单位制定规章制度的权利，为严格管理并保证规章制度的权威和领导威信，制定了"苛刻"的规章制度，既不合情合理，又不利于执行，可能导致单位和领导与员工之间矛盾或冲突，不利于建立和谐劳动关系。如：穿短裤上班开除；新进员工在2年内不能谈恋爱，3年内不准生孩子；晚到3分钟就记迟到一次，累计3次就要从年假中扣除一天；工作期间上厕所不超过10分钟；等等。丧失"人性"和丧失合情合理的规章制度，还可能让用人单位承担诉讼败诉的风险。

三、规章制度范文、评析及写作指要

（一）范文

重庆××大学加班、值班管理办法（2021年修正）

为进一步维护学校教职工合法权益，保障教职工休息休假权利，进一步加强和规范加班、值班制度，依据《中华人民共和国劳动法（2018修正）》（以下简称《劳动法》），特制定本办法。

一、适用范围

本办法适用于我校全体教职工，包括：在编在岗正式工、无编在岗劳动合同工和学校返聘退休教职工。

二、加班和值班原则

1. 从严控制加班、值班原则

学校各部门原则上不安排加班、值班。学校各部门要合理科学地安排工作，从严控制加班、值班，通过提高工作效率完成工作任务。为维护和保障教职工的休息、休假权利，学校原则上不安排加班和值班；必须利用非工作时间完成工作任务的，一般应通过调（补）休来解决，原则上不计加班。安排加班、值班须保证教职工每周至少休息一日。

2. 学校安排教职工加班原则

为了赶时间、抢进度必须在双休日和法定节假日上班和值班时间之外完成紧急工作或突发事件处置等任务，学校可以安排教职工加班。没有经过学校安排和同意的加班不得算作加班。

3. 协商一致原则

学校依据《劳动法》第四十一条规定，学校征求工会和劳动者意见并与劳动者协商一致，安排教职工加班。

4. 学校审批原则

学校教职工加班必须按照本办法规定的程序，报送批准，未经批准的不得加班。值班由学校各部门自行根据工作需要安排，报送学校工会和人事处备案。

三、加班范围

加班应以学校工作必需为前提，加班任务必须利用休息时间才能完成，属下列情形之一者，可视为加班：

（1）为完成上级布置的某项任务，因时间紧迫必须加班完成的；

（2）为处理突发性事件，必须用正常上班以外时间工作的；

（3）因其他特殊原因而必须用正常上班以外时间工作的。

实行倒班轮休工作制的岗位，如：不定时制工作岗位等员工，在公休、法定节假日、寒暑假期间的正常倒班不计为加班、值班。

四、加班、值班审批程序

由学校各部门在与劳动者协商同意后安排，填写《重庆××大学加班申请审批表》，并说明加班事由、加班人员和加班时间、加班任务，报送学校办公室主任审核，征求学校工会意见，并报送学校校长审批。学校校长批准后报送学校人事处和计财处备案。

五、加班费和值班费计算标准

（1）加班费计算标准严格执行《劳动法》第四十四条规定。

（2）值班费按照每人每天80元。

（3）值班和加班补贴以自然天数为计算依据；值班和加班费用经学校校长办公会议研究决定可以适时适当调整。

六、休息与休假

（1）执行标准工时制的教职工，按照学校作息制度的有关规定上下班，双休日和法定节假日休假。

（2）执行不定时制的教职工：

①周一至周五按照学校上下班的有关规定上下班，上班期间按照岗位说明书的有关规定履行工作职责，有事做事，无事时在上班的场所休息。

②双休日、法定节假日、夜间和寒暑假等期间由学校各部门安排值班，实行轮休或利用寒暑假集中休息。

（3）需24小时值班的，应尽量采用轮休与换休办法。

（4）产假、病假、婚丧假等按照国家法规和学校有关规定执行。

5. 为保护女性职工权益，原则上不安排怀孕7个月以上或哺乳未满1周岁婴儿的女性教职工加班、值班。

七、相关问题说明

（一）加班、值班含义

（1）加班是指因学校工作要求和需要，在正常工作时间之外完成急需完成某些任务而进行的临时性的劳动行为。

（2）值班是指根据工作需要，在正常工作日之外为保证学校工作的连续性而完成常规性工作任务的劳动行为。

（二）加班、值班要求

值班、加班人员必须严格执行值班、加班计划安排和工作纪律。按要求办理签到，做好值班、加班记录，履行好工作职责，做好值班的交接班工作。值班、加班无签到、无记录的不发放费用；迟到早退的要通报批评；不到岗的按旷工处理，如值班、加班期间发生责任事故的，要追究值班、加班当事人责任。

（三）学校加班、值班管理办法在征求和吸收教职工意见基础上，已经学校工会代表大会通过。

八、本规定从2021年9月1日起执行，《重庆××大学教职工加班、值班管理办法（试行）》（重×大人〔2021〕17号）同时废止。

九、本规定由学校工会、人事处负责解释。

十、附件：《重庆××大学加班申请审批表》。

2021年7月13日

（二）规章制度范文评析及写作指要

《重庆××大学加班、值班管理办法》是一个合法的规章制度，突出的亮点是合法性。合法性是规章制度的核心、关键，只有合法的规章制度才具有法律效力。违法的学校规章制度自始没有法律效力，学校存在潜在的败诉并承担赔偿责任风险。

《重庆××大学加班、值班管理办法》合法性主要体现在以下几个方面：

1. 制定的依据合法

体现在：依据《中华人民共和国劳动法（2018修正）》（以下简称《劳动法》），特制定本办法。

2. 加班和值班原则具有合法性

体现在：一是学校原则上不安排加班、值班。符合《劳动法》（第四章休息休假）保障劳动者休息休假权利。如：《重庆××大学加班、值班管理办法》规定，必须利用非工作时间完成工作任务的，一般应通过调（补）休来解决；安排加班、值班须保证教职工每周至少休息一日等。符合《劳动法》第三十八条规定。二是学校加班须征求工会和劳动者协商一致。符合《劳动法》第四十一条规定。

3．强调了对学校女职工合法权益的保护

体现在:《重庆××大学加班、值班管理办法》规定,为保护女性职工权益,原则上不安排怀孕7个月以上或哺乳未满1周岁婴儿的女性教职工加班、值班。符合《劳动法》第六十一条、《中华人民共和国妇女权益保障法(2018修正)》第二十六条、《女职工劳动保护特别规定》第六条规定。

4．规章制度程序合法

体现在:《重庆××大学加班、值班管理办法》规定,学校加班、值班管理办法在征求和吸收教职工意见基础上,已经学校工会代表大会通过。符合《劳动合同法》第四条规定,应当经职工代表大会或者全体职工讨论,提出方案和意见,与工会或者职工代表平等协商确定。

5．加班费支付标准合法

《重庆××大学加班、值班管理办法》规定,加班费计算标准严格执行《劳动法》第四十四条规定。

第五节　高校章程

一、章程的含义

章程是一个法律专门术语。在《高等教育法》《民办教育促进法》法律中,未明确规定章程的含义。2012年1月1日起施行的《高等学校章程制定暂行办法》(教育部令第31号)第三条明确了章程的含义,章程是高等学校依法自主办学、实施管理和履行公共职能的基本准则。

二、高校章程的特点

（一）法定性

主要体现在：一是依法制定。如："重庆××大学乡村振兴学院章程（范文）第一条……根据《中华人民共和国职业教育法》《中华人民共和国高等教育法》《中华人民共和国民办教育促进法》等法律法规，制订本章程"。二是章程内容法定。依据《高等学校章程制定暂行办法》第七条、《高等教育法》第二十八条规定，高等学校的章程应当规定"学校名称、校址；办学宗旨"等十项内容，这是高校章程的必备内容条款（详见本节"三、高校章程范文及写作指要（二）参照范文，学习和指导写作3.必备内容的法定性"部分）。三是内容的合法性（详见"三、高校章程范文及写作指要（二）参照范文，学习和指导写作4.内容的合法性"部分）。

（二）指导性

主要体现在：一是高等学校章程是高校的法律性文件，是高校办学应遵循的基本准则。二是高校依据章程制定系列内部管理规章制度、出台系列红头文件；三是依据章程组建高校内设工作机构，明确内部管理体制和运行机制；四是依据章程开展教学教育等办学活动，并接受举办者、教育主管部门等监督。

（三）目标性

在《章程》中要明确学校办学活动所追求的预期目的、预期结果。如范文《重庆××大学乡村振兴学院章程》第八条规定，全面贯彻国家教育方针政策，全面落实乡村振兴战略，以培养具有创新精神和实践能力的高级应用型人才为中心，推动重庆和西部地区乡村振兴的建设和发展，为实施乡村振兴战略和地方经济建设发展服务。

（四）发展性

高等学校办学活动不论是专业建设、办学规模，还是师资队伍、管理机构等方面是一个不断进步、变化和更新的过程，既有量的变化，又有质的变化。如范文《重庆××大学乡村振兴学院章程》第九条办学规模（2019年，全日制普通高等教育计划招生本专科生2000人；2020年，全日制普通高等教育计划招生本专科生2500人；2021年，全日制普通高等教育计划招生本专科生2800人；2022年以后，每年计划招生本专科生3000人左右，随着经济、社会发展需求和学校办学资源的改善适度扩大办学规模）；第十条（学校根据经济社会发展对人才的需求，不断优化专业布局与结构，巩固和加强优势农学专业，大力发展乡村振兴急需的应用型专业。逐渐形成特色鲜明、结构合理、适应国家经济社会发展需要的专业体系）。

三、高校章程范文及写作指要

（一）重庆××大学乡村振兴学院章程（范文）

第一章　总则

第一条　为了全面贯彻国家教育方针，进一步贯彻落实党的十九大提出的实施乡村振兴战略在高校落地生根，保证和促进重庆××大学乡村振兴学院教育事业的持续、健康、快速发展，根据《中华人民共和国高等教育法》《中华人民共和国民办教育促进法》等法律法规，制订本章程。

第二条　本章程是重庆××大学乡村振兴学院（以下简称乡村振兴学院）最基本的法律文件，是学院处理内外关系和教育教学活动的基本规则，也是学校自律性行为规范。

第三条　乡村振兴学院是按照新机制和新办学模式设立的独立核算的从事普通高等教育（全日制）的具有独立法人资格（非

企业法人）的独立二级学院。

第四条 乡村振兴学院在重庆市教育委员会监督与指导下，依法自主办学。

第五条 乡村振兴学院根据社会主义现代化建设和地方产业发展的需要，积极推进教育教学改革，不断提高教育教学质量和办学效益。

第二章 校名与校址

第六条 学院名称：重庆××大学乡村振兴学院

第七条 学院地址：重庆市××县××大道××号

第三章 办学宗旨

第八条 学校将始终坚持人才培养是立校之本、办学质量是强校之路、服务三农是兴校之策。全面贯彻国家教育方针政策，全面落实乡村振兴战略，以培养具有创新精神和实践能力的高级应用型人才为中心，推动重庆和西部地区乡村振兴的建设和发展，为实施乡村振兴战略和地方经济建设发展服务。

第四章 办学规模

第九条 办学规模

2019年，全日制普通高等教育计划招生本专科生2000人；2020年，全日制普通高等教育计划招生本专科生2500人；2021年，全日制普通高等教育计划招生本专科生2800人。2022年以后，每年计划招生本专科生3000人左右，随着经济、社会发展需求和学校办学资源的改善适度扩大办学规模。

第五章 学科门类及专业设置

第十条 乡村振兴学院逐步设置涵盖农学、理学、工学、经济学、管理学、医学等10大学科门类。逐步开设导游、旅游与酒店管理、烹饪、农业科学、植物学与动物学、环境科学与生态学、动物营养与饲养科学、农业机械化及其自动化、食品科学与工程、食品质量与安全、物联网工程、农业水利工程、植物保护、种子科学与工程、动物科学、水产养殖学、动物医学、森林保护、茶学、土地资源管理、农业资源与环境、农村区域发展、物业管理、电子信息技术、计算机科学与技术、计算机应用、工商管理等专业。

学校根据经济社会发展对人才的需求，不断优化专业布局与结构，巩固和加强优势农学专业，大力发展乡村振兴急需的应用型专业。逐渐形成特色鲜明、结构合理、适应国家经济社会发展需要的专业体系。

第六章　教育形式

第十一条 乡村振兴学院教育形式主要是：举办全日制本、专科学历教育；积极发展高等职业教育；稳步发展继续教育（业余教育、函授教育和短期岗位培训等）；努力开展对外教育合作与交流。逐步形成以职业教育为主、继续教育为辅、对外合作教育协调发展的高等教育办学体系。

第七章　学院内部管理体制

第十二条 乡村振兴学院董事会是学院常设权力机构，董事会决定学院以下重大事项，需经全体董事三分之二以上表决通过：

（一）决定学院的经营方针、投资计划和合作办学规划；

（二）决定学院各级干部的任免、奖惩；

（三）听取院长的工作汇报，并有权对院长的工作进行监督、检查；

（四）决定教职工的用工计划编制定额和工资标准及福利待遇；

（五）审议批准学院的利润分配方案和弥补亏损方案；

（六）审查财务预算并监督检查其执行情况；

（七）决定院长提交董事会决定的问题；

（八）确定董事的报酬，有权吸收和撤换董事；

（九）决定本章程的变更、中止、解除，并监督本章程的执行；决定学院的分立、合并、终止、清算；

（十）其他重大事项的建议、讨论、决定。

第十三条 董事会的组成、任期、资格及议事规则

乡村振兴学院由9名董事组成董事会，其中，重庆××大学委派四名，重庆×××有限公司委派二名，重庆××公司委派一名，另聘请独立董事二名。

董事会每位董事具有同等表决权，董事任期四年，可以连任。

董事应热心教育事业、品行端正，其中1/3以上的董事应具有五年以上的高等教育教学经验。

第十四条 董事会会议规则

董事会需全体董事三分之二（6人及以上）以上董事出席方可举行会议，除本章程第十二条所议事项外，应由出席会议的过半数以上董事通过。

董事会会议由董事长召集和主持。董事长因特殊原因不能履行职务时，由董事长指定的副董事长或者其他董事召集和主持。

董事会议应制作会议记录，出席会议的董事应在会议记录上签名。

第十五条 董事长会议由董事长、副董事长和秘书长组成；董事长由重庆××公司委派董事担任，副董事长、秘书长由重庆××大学委派董事担任，董事长为乡村振兴学院法定代表人。

第十六条 乡村振兴学院行政管理机构

乡村振兴学院设院长1人，副院长若干人，院长由重庆××大学推荐，由董事会聘任；院长、副院长组成学院院长会议，行使下列职权：

（一）组织实施董事会决议；

（二）制定并组织实施学院发展规划；

（三）制定并组织实施学院专业设置方案、教学计划、招生计划；

（四）制定并组织实施学院内部管理机构设置方案；

（五）制定并组织实施学院各项管理制度；

（六）提请聘任或解聘副院长；聘任或解聘学院下属各部门负责人及教职员工；

（七）制定并组织实施学院教学基本建设方案；

（八）制定并组织实施学院年度财政预算方案；

（九）董事会授予的其他职权。

第十七条 乡村振兴学院院长职责及任职资格

（一）乡村振兴学院院长职责是：把握学院发展方向，对学科建设和科学研究进行总体规划；全面主持学院日常管理工作。任职条件参照国家举办同级同类教育机构的相应负责人的任职条件，并在相关领域有一定的知名度，原则上应由具有教授以上职称人员担任；

（二）主管教学的副院长全面主持教学管理工作，负责学科、专业建设和教学过程的监控，把好质量关。原则上教学副院长应由具有教授职称或硕士学位及其以上人员担任；

（三）主管财务后勤的副院长负责学院的基本建设、财务预决算起草及执行、资产设备管理，原则上由具有财会工作经历的人员担任。

第十八条 乡村振兴学院设置学院办公室、招生就业办公室、教学管理办公室、学生工作办公室、财务工作办公室、保卫与后勤管理办公室、教研室、实验室等行政管理及服务机构，负责乡村振兴学院的日常管理和教学服务工作。

第十九条 乡村振兴学院党委

乡村振兴学院党总支书记、副书记由重庆××大学任命，负责乡村振兴学院党的组织建设、思想建设、作风建设和党风廉政建设，组建并指导乡村振兴学院共青团、党校、学生会工作，并拟定所主管部门干部并报送董事会审批。

第八章 经费来源、财产和财务制度

第二十条 乡村振兴学院经费主要来源：

（一）重庆××大学与重庆××公司、重庆××公司共同投资1.5亿元；

（二）学生学费；

（三）社会捐资。

第二十一条 乡村振兴学院日常经费开支主要包括：教学设备购置维护费、教职工工资、津贴、福利费、差旅费、课时酬金、办公费、学生奖学金、助学金、学生活动费等。

第二十二条 乡村振兴学院依法建立健全财务、会计制度和财产管理制度，合理使用办学经费，严格管理，提高投资的效益。并按照行政事业单位会计制度规定设置会计账簿。依法接受有关部门监督与业务指导。

第二十三条 乡村振兴学院每一会计年度终结时主管财务后勤的副院长应向董事会作财务会计报告。

第九章 举办者与乡村振兴学院之间的权利、义务

第二十四条 乡村振兴学院的举办者为重庆××大学与重庆××公司、重庆××公司。举办者按《合作办学合同》的约定享受权利，履行义务。

第二十五条 举办者在合作期限内不能转让投资、抽回投资、减少投资，在征得其他合作当事人许可情况下，可增加投资。

第二十六条 乡村振兴学院收取的学费，每年度教学运行结束，在扣除教学成本（教学成本包含教学设施租赁费、课时费、工作人员工资、差旅费等）后为教学效益；教学净收益的30%为乡村振兴学院的发展基金，其余部分按投资份额的比例分成；乡村振兴学院终止时按投资比例分享债权、分担债务。

第十章 章程的修改

第二十七条 本章程的修改，须经董事会表决通过后15日内，报重庆市教育委员会核准，并报教育部备案。

第十一章 教职工及学生管理

第二十八条 乡村振兴学院教职工任职资格及聘任乡村振兴学院教师及其他教育管理服务工作者由乡村振兴学院董事会自主聘任；乡村振兴学院与被聘人员签订劳动合同。

第二十九条 按照国家有关规定，建立、完善并执行学籍和教学管理制度。

第三十条 批准实施学历教育的学生，完成学业，考试、考核合格者，乡村振兴学院按照国家有关规定颁发学历、学位证书。

第十二章 乡村振兴学院终止

第三十一条 乡村振兴学院难以完成办学宗旨或者无法正常运行时，由董事会终止协议，报审批机关核准。

第三十二条 乡村振兴学院终止后续工作

（一）妥善安置在校学生，审批机关应予以协助，学生安置工作未结束时，不得将未达到毕业期限的学生推向社会。

（二）依法进行财产清算，并通知和公告债权人，处理善后事宜，清算期间，不得开展清算以外的活动。

第十三章 附则

第三十三条 本章程由董事会通过，自重庆市教育委员会核准之日起生效，并报教育部备案。

第三十四条 本章程解释权在董事会。

（二）参照范文，学习和指导写作

1．标题书写要正确，单位名称+章程

如范文：重庆××大学乡村振兴学院章程。"章程"是一个法律专门术语，又是申请设立高等学校应当提交的必备重要材料（依据是《高等教育法》第二七条第一款第三项规定）。

2．依据的法定性

高等学校制定学校章程依据是法律法规，在高校《章程》中必须列明依据的法律法规，表明高校《章程》编制有法可依。如范文第一条:"……根据《中华人民共和国高等教育法》《中华人民共和国民办教育促进法》等法律法规,制订本章程。"

3．必备内容的法定性

依据《高等学校章程制定暂行办法》第七条、《高等教育法》第二十八条规定,高等学校的章程应当规定"学校名称、校址;办学宗旨;办学规模"等十项内容,这是高校章程的必备内容条款。《高等教育法》第二十八条采取"列举条款+兜底条款"的方式规定高校章程必备内容,其中第一项至第九项是列举条款,第十项是兜底条款(即:其他必须由章程规定的事项)。如范文:第二章至第十章是列举条款(第二章学校名称、校址;第三章办学宗旨;第四章办学规模;第五章学科门类的设置;第六章教育形式;第七章内部管理体制;第八章经费来源、财产和财务制度;第九章举办者与学校之间的权利、义务;第十章章程修改程序)。第十一章至第十三章是兜底条款(第十一章教职工及学生管理;第十二章乡村振兴学院终止;第十三章附则)。

4．内容的合法性

高等学校章程是依法制定的审批机关核准的依法治校的规范性文件。法律法规有明确规定的内容必须依法编制。如范文:董事会的职权(第十二条)、董事会的组成、任期、资格及议事规则(第十三条)等规定,不得与《中华人民共和国民办教育促进法》第二十二条、第二十一条(学校董事会由五人以上组成,其中三分之一以上的理事或者董事应当具有五年以上教育教学经验)规定相悖。再比如:学科门类及专业设置(第十条)必须符合《职业教育专业目录(2021年)》(教职成〔2021〕2号)规定的专业目录设置。在《职业教育专业目录(2021年)》(教职成〔2021〕2号)中规定了高等职业教育专科专业(共计744个专业)、高等职业教育本科专业(共计247个)。不得在《职业教育专业目录（2021年）》以外"私自设置专业"。

5．语言文字准确、简洁、规范

基本要求：一是使用法律术语。范文中大量使用了法律术语。如：章程、董事会、董事、董事长、法定代表人、劳动合同、变更、中止、解除、分立、合并、终止、清算、债权人等。二是使用专业术语。范文中使用了专业术语，确保了规范性和准确性。如：农学、理学、工学、经济学、管理学、医学等10大学科门类；导游、旅游与酒店管理、烹饪、农业科学、植物学与动物学等专业（第十条）；学历、学位证（第三十条）等。三是使用专用、惯用语言。范文中使用了许多专用、惯用语言。如：乡村振兴战略；持续、健康、快速发展；差旅费、办公费，奖学金、助学金；学业、考试、考核。

第六节 讲话稿

一、讲话稿的含义

讲话稿是高校秘书事先为领导在重要会议、重大活动等工作中准备的讲话的文字材料。简而言之，就是秘书为领导撰写的用于讲话的文字材料。领导讲话是代表学校水平和形象，关系到学校良好信誉和声誉。讲话稿已成为高校对内对外宣传的重要载体和一张名片。学校各级领导干部都高度重视讲话稿的质量，秘书撰写讲话稿是高校秘书文书写作中最难的工作，也是检验高校秘书语言文字功底的评判依据与标准。

二、讲话稿的特点

（一）讲话主题多样性

突出多样性讲话主题，高校工作多种多样，包括：教学工作、科研工作、思想教育工作、学生管理工作、招生就业工作、安全稳定工作等。高校活动丰富多彩，包括：庆祝庆典活动、军训活动、文体文艺活动、竞技竞赛活动、学术研讨活动等。高校这些工作和活动都可以成为领导讲话的主题。学校一般要开会、部署工作，主要领导和分管领导在会上都要讲话，秘书一般应提前准备好讲话稿。当然也有高校领导自行准备讲话稿，不需要秘书撰写。

（二）有明确的针对性

讲话稿内容有明确的针对性，提出并回答听众最关心和最渴望了解的问题。

（三）体现领导意志性

讲话稿之所以是学校秘书文书写作中难中之难，缘于讲话稿要体现领导意图意志。而领导意图意志又是不断变化的。高校秘书在撰写讲话稿之前除精心准备和收集各种相关资料外，最重要的是主动向领导请示、交流和沟通，在领导确定讲话主题、讲话内容、讲话要点后，集中精力撰写出符合要求的体现领导意志的高质量讲话稿。

（四）语言多样性

讲话稿语言要求：准确、庄重、得体。显著特征是讲话稿语言的多样性。主要表现在：尊敬语言、欢迎语言、专业语言、抒情语言、名言名句语言、法律语言、祝福祝贺语言、希望语言等。

三、讲话稿范文及写作指要

（一）范文

在重庆××大学2020年成人高等教育教学工作会上的讲话

重庆××大学校长 王××

尊敬的各位领导、各位老师：

在收获 2019 年硕果、播种 2020 年希望的喜庆日子里，我们迎来了重庆××大学成人高等教育教学工作大会的召开。首先请允许我代表重庆××大学党委、行政向参会的各位领导和老师表示最热烈的欢迎！向帮助、支持我校办学的各个单位表示衷心的感谢！并预祝教学工作大会圆满成功！

学校党委、行政决定召开的这次成人高等教育教学工作会，主要任务是进一步贯彻学校党委、行政确立的"聚精会神抓规范建设、一心一意谋改革发展"的办学思想，全面落实党的教育方针，准确分析当前成人教育面临的新形势，研究进一步推动学校成人高等教育事业持续、健康和高质量发展的目标和对策，奋力开创成人高等教育工作再上新台阶。

同志们，重庆××大学是重庆市人民政府主办的全日制普通本科高等学校。学校已由最初单一的师范专科层次发展为一所以本科为主，本科与专科相结合、师范与非师范相结合、普教与成教相结合，专业以文理为主，多学科协调发展的普通本科院校。学校占地面积 3 000 余亩，辖××、××、××三个校区。学校现有教职员工 2 328 人，在重庆、四川、江苏、海南、山西、河南等 28 个省市自治区招收本科生和部分专科学生。现有普通全日制普通本、专科在校生 2.5 万余人，成人高等教育、高等教育自学考试专、本科生 1.5 万余人。

重庆××大学至今已有六十多年的办学历史。六十年励精图治，学校走过了一段"自强不息、百折不挠、求实创新、不断攀登"的艰难发展历程，它诉说着我们与时俱进的闪光足迹，它记录着学校的光荣与梦想，铭刻着学校不懈的追求和探索。学校始终坚持"依法办学、质量立校、关注顾客、诚信服务"的管理方针，办人民满意的学校，育社会认可的人才的办学指导思想；"博学自强，求真创新"蕴含深刻意义的校训，激励着广大师生呕心沥血、上下求索、辛勤耕耘，用求实精神营造和谐校园，用生命感动教育。六十年来，为社会主义现代化建设培养了数以万计栋梁之材。他们绝大多数已成为各行各业、各条战线的骨干，不少人已走上了领导岗位，为地方经济建设做出了巨大的贡献，我们的办学取得了良好的社会声誉。

六十年一路奋进，一路凯歌。今天的重庆××大学已是国内同类院校的佼佼者。每年吸引着成千上万的有志青年报考；又有数千名学有所成的莘莘学子从这里奔赴祖国各地参与国家建设。学校积极进取、锐意改革，亮点纷呈、硕果累累：先后获得"全国语言文字工作先进单位""全国普通话先进测试站""依法治校示范校"等荣誉称号。学校先后与英国、德国、俄罗斯、澳大利亚、新加坡、马来西亚等国的高校建立了友好合作办学关系。

各位领导、各位老师，我国成人高等教育是我国国民教育的重要组成部分，经过了半个世纪的发展历程，特别是改革开放以来，得到了长足的发展，与国家经济建设和社会进步紧密相连，为国家培养了一大批社会主义现代化建设人才，在"十三五"期间，我校成人教育事业取得了新的进步，为服务地方经济建设培养了应用型的高级复合型人才2.6万余人。联合办学迈出了重大步伐，探索并实施了多种联合办学模式，并取得了阶段性成果。目前，我校建立校外函授站（点）28个，各类函授学生1.5万余人。

我们在看到学校成人高等教育发展取得可喜成绩的同时，还应该清醒地认识到我国成人高等教育面临着严峻的挑战。在经济全球化、文化多元化和教育国际化的背景下，我国成人高等教育面临着空前的竞争环境。一方面，我国成人高等教育将处于与国外优质教育资源进行短兵相接的国际竞争环境；另一方面，国内竞争"异常激烈"，由于普通高校扩招，高等职业教育的迅速发展以及广播电视大学的异军突起。加之一部分人把成人高等教育看为高考落榜生的"收容所"、高等教育的"等外品"等传统观念的影响，所有这些都给成人高等教育以较大的冲击，成人高等教育发展甚至到了举步维艰的地步。在此种情况下，成人高等教育的根本出路在哪里？如何找准新的发展空间、抓住发展新机遇？如何寻求新的增长点？充分发挥"人才工厂"的作用和更好地为经济建设服务，是一个急需认真研究的问题。

关于学校成人高等教育建设与发展，讲三点意见：

一、践行质量生命立校理念，持续提升教学教育质量

百年大计，教育为本；学校大计，教学为本；教学工作，质量为先。教育是培养人和缔造未来的事业，教育是一种沉甸甸的历史责任，是一份值得为之贡献毕生精力的灿烂事业。

发展教育事业，重心在教学，难点在质量。教学应该充满机智，把学生心中的智慧和信念点燃。我国高等教育质量如何更好地适应经济社会发展需要，如何提高教学质量是当前中国许多高校面临的共同问题。提高教学质量，应该成为当前和今后一段时期内学校教育改革和发展的重点。质量是学校各项事业发展的主题词和关键词，关系到能否可持续发展。在成人教育中我们也要确保教学中心地位，把培养高质量人才作为办学根本目的，牢固树立"学校发展是第一要务，提高教学质量是第一责任，学生成才是第一目标，重树科学的、富有时代特色的人才观和质量观，积极探索教学质量保障与监控长效机制，不断提高教学教育质量，着眼发展，面向未来，努力建设教学质量高、社会声誉好、特色鲜明的成人高等教育。

二、弘扬改革创新精神，增进活力推动发展

"生于忧患，死于安乐"。当我们跨进 21 世纪的门槛，世界已经到了科技日新月异、世界深刻变化的新时代，创新成为这个新的历史纪元的灵魂。不创新，国家就没有希望；不改革，民族就没有希望；不创新，教育就没有希望；不改革，学校就没有希望。21世纪科技发展突飞猛进，经济全球化趋势，都使传统教育的教学观念、教学内容、教学手段产生诸多不适应。这就要求我

们必须转变传统的教育观念，树立适应时代要求的改革创新的发展教育观。近年来，随着我国成教学历教育逐渐萎缩，生源稀缺的客观形势也决定了我国成人高等教育必须始终坚持走教育改革创新发展之路，只要我们勇于创新，善于改革，精于市场运作，就能"异峰突起，出奇制胜"，就能努力超越自我，就能学会生存和自主发展，就能带动成人高等教育跨越发展。我们坚信，坚持创新、不断改革是通向未来的通行证，深化改革增活力、不断创新促发展。

三、精诚团结共合作，满腔热血谱新篇

"单丝不成线，独木不成林"。我们要深刻领会"一根筷子和一捆筷子"的道理，要强调"群芳争艳，不要一枝独秀"。在改革开放和社会主义市场经济条件下，学校成人高等教育的建设与发展是集体主义的事业，离不开党政的领导、离不开全体教职员工的共同努力奋斗，离不开各联合办学单位的合作与支持。任何工作都要靠大家的团结和密切合作，要学会团结大家一起干，团结与合作才能成就大事业。

我们要打开诚信沟通之窗，在联合办学过程中以诚信为前提，以合作为纽带，以双赢为目标，血脉相连，气韵相通，形成良性和谐动态链，巩固、加强与联合办学单位友好互利合作关系，妥善处理分歧，推进交流与合作。努力探索一条高等成人教育与企业、公司生产经营实践密切结合、"产、学、实践、就业一体化"的办学道路，实现包括教学、科研、管理和招生、就业等方面的广泛密切合作，抓住机遇、凝练优势、互惠互利，协商不拆台、同唱一台戏，促进学校成人高等教育健康、稳步发展，努力造就一大批高层次创新型、应用型人才，为地方经济建设服务。

各位领导、各位老师、各位朋友，春风化雨育桃李，成人教育写新章；充满希望、洋溢青春活力的重庆××大学站在新世纪高等教育发展的潮头，以优越的办学条件，精良的教师队伍，求实的工作作风，骄人的办学业绩，迅速成为国内同类院校的一颗明珠。

同志们、朋友们，我们要以习近平新时代中国特色社会主义思想为指导，全面贯彻落实国家教育方针，坚持办人民满意的学校，育社会认可人才的办学方向。在学校新一届党委、行政班子的正确领导下，学校各级领导干部和广大教职员工对成人教育建设与发展要宣传到位、认识到位、组织到位、管理到位。让我们荡起智慧的双桨，扬起创新的风帆，同心同德、开拓进取，追求新目标，攀登新境界，创造新辉煌，以昂扬向上的精神状态和坚忍不拔的奋斗意志谱写更加振奋人心的华章！

祝各位朋友万事如意万事顺，心想事成事事成！步步登高步步高！

谢谢大家！

（二）参照范文，学习和指导写作

1．讲话稿一般使用双标题

双标题要书写正确，与讲话主题和讲话人职务相符。题目一般用"在××××上的讲话"。正标题要明确讲话的主题，副标题讲话人的职务、姓名书写要准确。如范文：正标题是在重庆××大学2020年成人高等教育教学工作会上的讲话，正标题明确了讲话的主题。副标题：重庆××大学校长王××。

2．结构一般采用"总—分—总"

包括：开头部分（总）、正文部分（分）和结尾部分（总）。正文部分是重点部分，开头和结尾首尾呼应，形成完美整体。

3．语言多样性，为讲话增光添彩

（1）尊敬语言，表示对领导和参加会议者的尊重和敬重。尊敬语言经常在讲话稿中使用，党政机关、从上到下领导讲话常常使用。如：范文：尊敬的各位领导、各位老师。

（2）欢迎、祝福语言。表明鲜明的态度和诚心诚意。如范文："首先请允许我代表重庆××大学党委、行政向参会的各位领导和老师表示最热烈的欢迎！向帮助、支持我校办学的各个单位表示衷心的感谢！并预祝教学工作大会圆满成功！"

（3）名言名句语言，为讲话增添色彩。在领导讲话稿中要适当使用名言名句，为讲话增加正能量。范文中使用了"百年大计，教育为本；学校大计，教学为本""生于忧患，死于安乐""单丝不成线，独木不成林"等名言名句。

（4）抒情语言，营造情感氛围。领导讲话稿与公文的重要区别：讲话稿可以使用抒情语言，而公文不宜使用。抒情语言可以为讲话锦上添花。范文中使用了很多抒情语言。如："教学应该充满机智，把学生心中的智慧和信念点燃"等。

4. 领导提出希望与要求

高校领导在工作中的讲话，往往结合大会主题和学校工作实际，提出工作要求。如范文"践行质量生命立校理念，持续提升教学教育质量；弘扬改革创新精神，增进活力推动发展；精诚团结共合作，满腔热血谱新篇"。

第六章　高校法务文书写作

本研究以重庆××大学与余××劳动纠纷案件（虚拟案件）为例来阐述高校常用法务文书写作，案件当事人和人物均为化名，案件过程、细节和结果等均为虚构，如有雷同，纯属巧合。期望与高校秘书共勉共享，盼望对同行有所启迪。

案情简介

余××，男，汉族，初中文化，生于1952年6月20日。婚后育有二子，长子余A，1979年8月21日出生；次子余B，1987年11月1日出生，余××其母王××，1936年4月10日出生。余××其父已病故。余××2015年9月1日在重庆××学院从事学校门卫岗工作，与学校签订《临聘协议书》。重庆××学院于2017年8月29日更名为重庆××大学。2019年1月1日余××与重庆××大学签订《聘用协议书》。《聘用协议书》第十三条（特别约定）第一款第三项、第十四条（特别告知）第一款第五项约定：乙方与甲方属于劳务关系，乙方及其亲属不享受劳动法规定的权利和待遇。余××未参加城镇职工基本养老保险。重庆××大学每月已预付余××医疗、人身伤害等补助500元。重庆××大学2019年9月1日在××××××保险公司为余××购买了教职工校方责任险，并缴纳了保险费。余××自2015年9月1日起止2020年5月29日一直从事学校门卫工作。余××于2020年5月29日中午午餐期间在门卫室饮酒。余××在2020年5月29日下午14:21时，外出校外校门附近玩手机突发疾病经医院抢救无效死亡。重庆××大学已垫付了余××医疗费11 669.85元。重庆××大学对余××于2020年5月29日外出的时间的视频资料进行了公证。余××死亡后，其近亲属与重庆××大学就余××死亡赔偿事宜多次协商未果。双方当事人就余××死亡依法进行了"工伤认定""劳动仲裁""民事诉讼"。

重庆××大学特依法委托学校办公室法务秘书何××作为学校代理人，代为书写《答辩状》《申请书》《民事起诉状》《民事上诉状》等本案有关法务文书并办理相关法务事务。

现将本案纠纷有关情况概述如下。

工伤认定情况。余××近亲属余A、余B和王××于2020年11月26日向重庆市××县人力资源和社会保障局提起工伤认定申请。重庆××大学2020年12月10日针对工伤认定申请提出了《答辩状》，答辩的意见及事实与理由（详见：答辩状）。重庆××大学于2021年1月5日向重庆市××县人力资源和社会保障局提起《工伤认定中止申请书》。在二审诉讼期间，在二审法院主持调解下，双方当事人已依法达成生效的民事调解书，2021年8月30日余××近亲属余A、余B和王××撤回了工伤认定申请。

劳动仲裁情况。重庆××大学于2020年12月17日向重庆市××县劳动人事争议仲裁委员会提起《仲裁申请书》，仲裁请求：确认学校与余××之间不存在劳动关系，事实与理由（详见：仲裁申请书）。重庆市××县劳动人事争议仲裁委员会于2020年12月21日作出"重庆市××县劳动人事争议仲裁委员会不予受理通知书（×劳人仲不字〔2020〕第41号）"，不予受理的理由是提出仲裁申请时已超过法定退休年龄。申请人可在本通知书送达之日起十五日内向人民法院起诉。

人民法院诉讼情况。重庆××大学于2021年4月7日向重庆市××县人民法院提起民事诉讼，诉讼请求是：

一、依法确认原告和被告（余A、余B）之父、被告（王××）之子余××之间从2017年8月29日至2020年5月29日期间不存在劳动关系；

二、依法确认原告和被告（余A、余B）之父、被告（王××）之子余××签订的聘用协议合法有效。事实与理由（详见：《民事起诉状》）。在诉讼期间，原告重庆××大学于2021年4月

20日向重庆市××县人民法院提出撤诉申请（事实与理由详见：撤诉申请书），重庆市××县人民法院于2021年4月21日裁定："准许原告重庆××大学撤回起诉"。

  在诉讼期间，原告（重庆××大学）的诉讼代理人何××向一审法院提交了《代理词》（代理意见、事实和理由详见：代理词）。2021年5月10日重庆市××县人民法院作出（2021）渝××××民初×××号民事判决书，判决驳回原告重庆××大学的诉讼请求。理由是原告提交的《临聘协议书》与《聘用协议书》中余××签字笔迹明显不一致，原被告均不申请笔迹鉴定，而且原告无其他证据证明《聘用协议书》的真实性，原告应当承担不利后果，故原告的诉讼请求本院不予支持。重庆××大学2021年5月24日向重庆市第×中级人民法院提起上诉，上诉请求是：

1. 请求撤销重庆市××县人民法院作出（2021）渝××××民初×××号民事判决。

2. 或依法改判：

（1）依法确认原告和被告（余A、余B）之父、被告（王××）之子余××之间从2017年8月29日至2020年5月29日期间不存在劳动关系。

（2）依法确认原告和被告（余A、余B）之父、被告（王××）之子余××签订的聘用协议合法有效。

（上诉的事实与理由详见《民事上诉状》）在诉讼期间，上诉人（重庆××大学）的诉讼代理人何××向二审法院提交了《代理词》（代理意见和理由详见：代理词）。2021年7月9日重庆××大学向重庆市第×中级人民法院提出延期举证暨开庭申请书（事实与理由详见：延期举证暨开庭申请书），法院裁定：准许。

2021年8月30日，双方当事人达成调解协议，重庆市第×中级人民法院制作《民事调解书》。自此，双方当事人纠纷终于画上圆满句号。

第一节　民事起诉状

民事起诉状是民事案件原告人或其法定代理人为了维护民事权益，就有关民事权利和民事义务的争议或纠纷，向人民法院提起诉讼的诉讼文书。

一、民事起诉状（范文）

民事起诉状

原告：重庆××大学

住所地：重庆市××县××大道××号。

法定代表人：王××，学校校长；联系电话：×××××××××××。

被告：余A，男，1979年8月21日出生，汉族，高中文化，重庆××公司主管，住址：重庆市××县××镇××村×组××号。身份证号码：××××××××××××××××××，电话：×××××××××××。

被告：余B，男，1987年11月1日，汉族，大专文化，重庆××学校教师，住址：重庆市××县××镇××村×组××号，身份证号码：××××××××××××××××××，电话：×××××××××××。

被告：王××，女，1936年4月10日，汉族，小学文化，无业，住址：重庆市××县××镇××村×组××号，身份证号码：××××××××××××××××××，电话：×××××××××××。

诉讼请求：

一、依法确认原告和被告（余A、余B）之父、被告（王××）之子余××之间从2017年8月29日至2020年5月29日期间不存在劳动关系；

二、依法确认原告和被告（余A、余B）之父、被告（王××）之子余××签订的聘用协议合法有效。

事实和理由：

被告（余A、余B）之父、被告（王××）之子余××于1952年6月20日出生。余××在重庆××大学提供劳务时已年满66岁，与重庆××大学签订了《聘用协议书》，余××聘用为门卫岗。余××于2020年5月29日下午突发疾病不幸死亡。依据《劳动合同法实施条例》第二十一条等规定，双方形成的用工关系按劳务关系处理。原告于2020年12月17日向重庆市××县劳动人事争议仲裁委员会提起《仲裁申请书》，仲裁请求：确认不存在劳动关系。重庆市××县劳动人事争议仲裁委员会于2020年12月21日作出"重庆市××县劳动人事争议仲裁委员会不予受理通知书（×劳人仲不字〔2020〕第41号），该委员会以余××已经超过法定退休年龄为由不予受理。为了维护原告的合法权益，请求贵院依法确认原告和被告（余A、余B）之父、被告（王××）之子余××之间不存在劳动关系，签订的聘用协议合法有效。

此致
重庆市××县人民法院

起诉人：重庆××大学
2021年4月7日

二、参照范文，学习和指导写作

民事起诉状是民事诉讼文书的一种。范文（重庆××大学民事起诉状）是符合要求的优秀的一篇范文诉讼文书，为写作民事起诉状提供了参考和借鉴。

（一）格式规范并符合要求

格式符合人民法院发布的《民事起诉状样式》要求。民事起诉状格式符合要求这是法院立案的最基本条件，格式不符合要求法院要求起诉人修订直至符合要求为止。

（二）标题"民事起诉状"，书写要正确

司法实务中有的起诉人把标题写成"起诉状"或"民事诉状"是不准确也是不规范的，要注意避免。

（三）当事人基本信息写作要求

1．姓名（或名称）称谓要正确

当事人称谓有"原告、被告、第三人"（有的民事案件没有第三人）。自然人叫"姓名"，单位叫"名称"。

2．当事人基本信息要书写应全面、准确、正确

（1）当事人基本信息书写应全面。

当事人是自然人（原告、被告、第三人）可书写10个要素。参考范文书写自然人基本信息。如被告：余A，男，1979年8月21日出生，汉族，高中文化，重庆××公司主管，住址：重庆市××县××镇××村×组××号。身份证号码：×××××××××××××××××××，电话：×××××××××××等。

当事人是单位可书写5个要素。参考范文书写单位基本信息。如原告：重庆××大学；住所地：重庆市××县××大道××号；法定代表人：王××，学校校长；联系电话：×××××××××××。

（2）当事人基本信息书写应准确、正确。如：如当事人姓名必须正确，以身份证为准，未成年人以户口登记簿记录为准。不能写"小名"（如：牛娃子）、绰号名（如：王富豪）等；自然人出生时间要精准，如果自然人是未成年人涉及未成年人的法定监护人是否出庭参加诉讼的问题；住址和联系电话要准确、正确，这涉及法院诉讼文书和法律文书是否能顺利送达的问题，如果住

址不准确不正确，将会影响当事人权利的享有和义务的履行。特别提醒：自然人的姓名、出生年月日和身份证号码二者应核实无误，二者相互印证且一致。

（四）诉讼请求写作要求

1. 总要求

具体、明确；切忌使用不确定不明确语言。

2. 参考范文书写诉讼请求

范文提出的诉讼请求是：

（1）依法确认原告和被告（余A、余B）之父、被告（王××）之子余××之间从2017年8月29日至2020年5月29日期间不存在劳动关系；

（2）依法确认原告和被告（余A、余B）之父、被告（王××）之子余××签订的聘用协议合法有效。

3. 切忌使用不确定、不明确的语言

在司法实践中，有的起诉人提出的诉讼请求不确定亦不明确，导致人民法院无所适从，无法裁判。如：请求被告赔偿原告损失；请求被告支付借款利息等。像这样的诉讼请求是不明确的不确定的，应避免使用。

建议改为：请求法院判令被告赔偿原告150万元损失；请求法院判令被告支付逾期付款利息（利息的计算：以600000.00元为基数，按照全国银行间同行拆借中心公布的贷款市场报价利率来计算逾期付款利息，从起诉之日起计算，至本案判决确定的履行期限的最后一日止）。

（五）事实及理由书写要求

1. 基本要求是

事实客观真实；理由充实有据。

2．事实及理由

这一部分在《民事起诉状》中不宜翔实阐述，简单简述即可。

（六）民事起诉状语言文字要求

1．正确使用法律术语

民事起诉状应正确使用如下法律术语：民事起诉状、原告、被告、第三人、诉讼、诉讼请求等。如：不能把"诉讼请求"写成"诉讼要求"或"诉讼申请"。

2．正确使用惯用语言

如：此致；起诉人。

3．语言简洁精准

篇幅宜控制在（A4纸）2页以内。

（七）应注意的问题

1．提起民事诉讼时间要符合法律法规规定

如：重庆××大学与余××近亲属之间的劳动关系纠纷一案，重庆市××县劳动人事争议仲裁委员会于2020年12月21日作出"重庆市××县劳动人事争议仲裁委员会不予受理通知书（×劳人仲不字（2020）第41号）"。申请人可在本通知书送达之日起十五日内向人民法院起诉。该不予受理通知书中明确告知：申请人（重庆××大学）可在本通知书送达之日起十五日内向人民法院起诉。故此，重庆××大学必须在接收到该通知书之日起十五日内向人民法院提起民事诉讼。逾期不提起民事诉讼，则不予受理通知书生效，申请人则丧失民事诉讼权利。

2．遵守先后顺序原则，民事起诉状的书写先后顺序要正确

按照人民法院发布的《民事起诉状样式》要求的先后顺序撰写《民事起诉状》。民事起诉状按照"民事起诉状—当事人基本信息（原告—被告—第三人）—诉讼请求—事实及理由—结尾"的

先后顺利书写。各项内容绝对不能调换或颠倒，特别是当事人基本信息的先后顺序都不能任意变化。当事人基本信息的先后顺序参照范文执行。如：被告：王××，女，1936年4月10日，汉族，小学文化，无业，住址：重庆市××县××镇××村×组××号，身份证号码：××××××××××××××××，电话：×××××××××××。

被告的先后顺序也有讲究。如果一个争议案件有几个被告，谁先谁后呢？法律法规没有明确的规定。但在司法实践中有惯例可遵循，一般是按照被告的赔付能力、过错大小等因素考虑被告排序的先后顺序。一般地把赔付能力强的被告排为第一被告，或把过错大的被告排成第一被告。

3．管辖法院要正确，执行有关法律法规规定

依据《劳动争议调解仲裁法》第五十条规定，可以自收到仲裁裁决书之日起十五日内向仲裁委所在地基层人民法院提起诉讼。本案当事人重庆××大学不服重庆市××县劳动人事争议仲裁委员会不予受理通知书（×劳人仲不字〔2020〕第41号）向重庆市××县人民法院提起民事诉讼符合法律法规规定。

4．事实要客观真实

不捕风捉影，不捏造、不夸大、不缩小、不隐瞒、不虚构，否则将涉嫌虚假诉讼。

第二节　答辩状

一、答辩状（范文）

答辩状（标题）

答辩人：重庆××大学

住所地：重庆市××县××大道××号

法定代表人：王××，学校校长；联系电话：××××××
×××××。

被答辩人：余A，男，1979年8月21日出生，汉族，高中文化，重庆××公司主管，住址：重庆市××县××镇××村×组××号。身份证号码：××××××××××××××××××，电话：×××××××××××。

被答辩人：余B，男，1987年11月1日，汉族，大专文化，重庆××学校教师，住址：重庆市××县××镇××村×组××号，身份证号码：××××××××××××××××××，电话：×××××××××××。

被答辩人：王××，女，1936年4月10日，汉族，小学文化，无业，住址：重庆市××县××镇××村×组××号，身份证号码：××××××××××××××××××，电话：×××××××××××。

答辩人因余××近亲属（被答辩人）申请工伤一案，现依法答辩如下：

答辩请求：

余××近亲属（被答辩人）申请余××工伤既无客观事实，又无法律依据，请求工伤认定主管机关驳回申请并"不予认定工伤"。

事实与理由：

第一，余××为超龄人员，余××与学校未建立劳动关系，不具备工伤认定的基本前提条件，双方应按劳务关系处理。

（1）依据最新人社部（〔2019〕37号）答复意见：超龄人员与用人单位发生争议，按劳务关系处理，依据民事法律关系调整双方的权利义务。

事实与理由是余××于1952年6月20日出生，于2019年9月1日学校与余××依法签订了《聘用协议书》时已经年满68岁，依据《劳动合同法实施条例》第二十一条规定，劳动者达到法定退休年龄的，劳动合同终止。

综上所述，余××与学校关于工伤争议，应按照双方签订的《聘用协议书》约定处理。

（2）双方签订的《聘用协议书》明确约定，双方形成劳务关系。

余××与学校2019年9月1日签订的《聘用协议书》第十四条第一款第五项约定，乙方与甲方属于劳务关系，乙方及其亲属不享受劳动法规定的权利和待遇。

第二，余××饮酒导致突发疾病意外死亡，不排除醉酒导致死亡的嫌疑，依法不能认定为工伤。经查证，余××于2020年5月29日中午午餐期间在门卫室饮酒，不排除醉酒事实。依据《工伤保险条例》第十六条第一款第二项规定：醉酒或者吸毒的，不得认定为工伤或者视同工伤。

第三，余××在5月29日在午间休息时间不假私自外出学校，至死未归。公证证据（视频资料）证实：余××于2020年5月29日下午14：21时，外出学校至死未归。依据《重庆××大学作息时间管理制度》（重×大人〔2018〕11号）第五条（门卫岗作息管理制度）的规定，中午12：50至14：30属于余××的休息时间。

第四，余××在校外突发疾病的时间是休息时间，并非工作时间，不符合视同工伤的工作时间条件。依据《重庆××大学作息时间管理制度》（重×大人〔2018〕11号）第五条（门卫岗作息管理制度）规定，门卫岗职工在中午12：50至14：30属于集中休息时间；余××在休息时间（当日下午14：21时）外出学校；余××在校外期间发病时也是他的休息时间。

故此，依据《工伤保险条例》第十五条第一款第一项有关规定，余××不符合视同工伤的工作时间条件，即余××没有在工作时间内突发疾病。

第五，余××突发疾病的地点是在校外，学校校外及周边不是学校管辖和管理范围。

校外并非余××工作岗位和工作场所，不符合视同工伤的工作岗位条件。工作场所是指用人单位规定的完成工作任务的范围。工作岗位是指履行工作职责的具体的某个点。

依据《重庆××大学教职工工作岗位、工作职责、工作要求和工作纪律暂行规定》（重×大人〔2018〕9号），第十八条第一款第一项第4点规定，门卫岗位（余××）的工作地点和工作场所是在门卫室，第十八条第一款第二项（学校的管辖和管理范围）：学校的管辖和管理范围仅限于学校校内地域范围内的工作、学习和生活，全体教职工履职尽责是在学校地域范围内，校门外及周边范围，不是教职工的工作岗位、工作地点、工作场所和履行工作职责和管理范围。

但余××突发疾病的地点是在校外，并非工作岗位和工作场所，依据《工伤保险条例》第十五条第一款第一项有关规定，余××不符合视同工伤的工作岗位条件，即余××没有在工作岗位上突发疾病。

第六，余××是在校外期间做私事（玩手机）突发疾病，与履行工作职责和工作原因无关。

一是余××在校外玩手机与履行工作职责无关。余××工作岗位是门卫岗，依据《重庆××大学教职工工作岗位、工作职责、工作要求和工作纪律暂行规定》（重×大人〔2018〕9号）第一章第七条规定，门卫岗位工作职责是："（一）做好外来人员登记工作；（二）做好学生外出学校登记工作；（三）做好家长来访登记工作；（四）做好车辆登记工作；（五）做好门卫室卫生工作"。二是余××在校外玩手机与工作原因和工作职责均无关，完全是私事行为，也是严重违反学校规章制度行为。依据《重庆××大学教职工工作岗位、工作职责、工作要求和工作纪律暂行规定》（重×大人〔2018〕9号）第六条规定，严禁教职工在工作期间睡觉、喝酒、吃零食、打牌、打游戏、玩手机、聊天、网上购物、炒股、干私活等影响工作的事情或行为。

第七，余××严重违反校纪校规，在休息时间，不假私自外出，在校外玩手机突发疾病，于法于情于理均不是工伤。余××严重违反学校规章制度，于2020年5月29日中午在门卫室饮酒，且于当日中午在休息时间未经请假私自外出学校，在校外玩手机，严重违反《重庆××大学作息时间管理制度》第五条，《重庆××大学教职工请假管理规定》第九条、第十三条，《重庆××大学教职工纪律处分暂行规定》第三条有关规定：门卫岗职工中午休息时间在学校安排的房间休息；门卫岗职工在工作期间、休息期间、工作时间、休息时间和值班期间，须出校门或外出学校，必须履行书面请假手续，经批准后并做好交接手续后，方可出校门、离岗、离校；严禁教职工在工作期间睡觉、喝酒、吃零食、打牌、打游戏、玩手机、聊天、网上购物、炒股、干私活等影响工作的事情或行为；未经请假或请假未获批准而擅离职守视为旷工。

第八，余××在校外突发疾病时，学校立即送××县人民医院进行抢救，学校已尽到扶助救助义务。

第九，学校已垫付了余××医疗费11 669.85元，已尽到了学校道义责任。

综上所述，余××突发疾病经抢救无效意外死亡并非发生在工作时间内和工作岗位上，与工作原因和履行工作职责无关，不符合《工伤保险条例》第十五条第一款第（一）项视同工伤的条件和法律规定，申请人的请求毫无事实依据和法律依据，纯属无理之请，请求工伤认定主管部门根据客观事实和法律规定予以驳回，以维护我校合法权益。

此致
重庆市××县人力资源和社会保障局

答辩人：重庆××大学
2020年12月10日

二、参照范文,学习和指导写作

(一)格式规范并符合要求

格式参照人民法院发布的《答辩状样式》要求执行。

(二)标题

标题"答辩状",书写要正确。本范文中的"答辩状"是指工伤认定申请的用人单位的答辩状,而非民事诉讼的答辩状。

(三)答辩人和被答辩人基本信息写作要求

1. 称谓要正确

当事人称谓是"答辩人""被答辩人",而非原告、被告或第三人。原告和被告称谓是民事诉讼中使用的法律术语,在工伤认定申请行政认定程序中,没有这些称谓。

2. 答辩人或被答辩人基本信息书写应全面、准确、正确

(1)答辩人(用人单位)信息书写应全面、准确、正确。参考范文写答辩人的信息。如答辩人:重庆××大学;住所地:重庆市××县××大道××号;法定代表人:王××,学校校长;联系电话:×××××××××××。

(2)被答辩人基本信息书写应全面、准确、正确。被答辩人是自然人可书写10个要素。参考范文书写被答辩人的基本信息。如被答辩人:王××,女,1936年4月10日,汉族,小学文化,无业,住址:重庆市××县××镇××村×组××号,身份证号码:××××××××××××××××,电话:××××××××××等。

(四)写明答辩的案由

答辩的案由即纠纷的性质,见范文:答辩人因余××近亲属申请工伤一案。

（五）写明答辩请求

答辩请求即答辩要达到的目的，见范文：余××近亲属申请余××工伤既无客观事实，又无法律依据，请求工伤认定主管机关驳回申请并"不予认定工伤"。

（六）事实与理由

1．找准答辩的对象

用人单位答辩状是针对余××近亲属工伤认定申请中列举的事实与理由答辩。余××近亲属认为余××是在重庆××大学上班期间，在工作时间和工作岗位上突发疾病，经抢救在48小时以内死亡，依法应当认定为工伤。

2．写明答辩要达到的目的

答辩是针对被答辩人的工伤认定请求而答辩，答辩人的目的则是否定余××的死亡被认定为工伤。

3．写明要实现答辩目的的事实依据和法律依据

这是答辩的重点和关键部分。范文中阐明了余××的死亡不是工伤。客观事实是：余××是离开工作岗位且是在休息期间，突发疾病经抢救无效不幸在48小时以内死亡。主要证据有：

（1）公证证据（视频资料）证实：余××于2020年5月29日下午14：21时，外出学校至死未归。

（2）书证证实：余××外出学校期间是余××集中休息时间，而不是工作时间。书证：《重庆××大学作息时间管理制度》（重×大人〔2018〕11号）第五条（门卫岗作息管理制度）规定，门卫岗职工在中午12：50至14：30属于集中休息时间；余××在休息时间（当日下午14：21时）外出学校；余××在校外期间发病时也是他的休息时间。

（3）书证证实：余××突发疾病的地点是校外，而不是工作岗位。

人社局调查笔录证实：余××突发疾病的地点是在校外，学校校外及周边不是学校管辖和管理范围。学校书证证实：余××突发疾病地点不是工作岗位。依据《重庆××大学教职工工作岗位、工作职责、工作要求和工作纪律暂行规定》（重×大人〔2018〕9号）第十八条第一款第一项第4点规定，门卫岗位（余××）的工作地点和工作场所是在门卫室，第十八条第一款第二项（学校的管辖和管理范围）规定，学校的管辖和管理范围仅限于学校校内地域范围内的工作、学习和生活，全体教职工履职尽责是在学校地域范围内，校门外及周边范围，不是教职工的工作岗位、工作地点、工作场所和履行工作职责和管理范围。

答辩人认为不符合《工伤保险条例》第十五条（视为工伤）之规定，故此，请求重庆市××县人力资源和社会保障局驳回工伤认定申请或认定为"余××死亡"不是工伤（具体的事实与理由详见《答辩状》相关部分）。

第三节　民事上诉状

民事上诉状是民事诉讼的当事人，不服地方人民法院作出的第一审判决或裁定，在法定期限内向上一级人民法院提起上诉，请求撤销、改判或发回重审时所书写的法律文书。

一、民事上诉状（范文）

民事上诉状

上诉人（原审：原告）：重庆××大学

住所地：重庆市××县××大道××号。

法定代表人：王××，学校校长；联系电话：×××××××××××

被上诉人（原审被告）：余A，男，汉族，住址：重庆市××县××镇××村×组××号，身份证号码：×××××××××××××××××，联系电话：×××××××××××。

被上诉人（原审被告）：余B，男，汉族，住址：重庆市××县××镇××村×组××号，身份证号码：×××××××××××××××××，联系电话：×××××××××××。

被上诉人（原审被告）：王××，女，汉族，住址：重庆市××县××镇××村×组××号，身份证号码：×××××××××××××××××，联系电话：××××××××××××。

上诉请求：

1. 请求撤销重庆市××县人民法院作出（2021）渝××××民初××××号民事判决；

2. 或依法改判：

（1）依法确认原告和被告（余A、余B）之父、被告（王××）之子余××之间从2017年8月29日至2020年5月29日期间不存在劳动关系。

（2）依法确认原告和被告（余A、余B）之父、被告（王××）之子余××签订的聘用协议合法有效。

3. 一审、二审诉讼费用由被上诉人承担。

上诉人不服重庆市××县人民法院作出（2021）渝××××民初××××号民事判决，特依法上诉。

事实与理由：

上诉人认为一审原告诉讼请求明确具体，依据的事实清楚，证据确实充分，于法有据，原告诉请应依法判决确认。一审法院认定事实不清且错误，适用法律亦错误。

综上所述，为维护上诉人合法权益，请求二审法院依法撤销一审判决，或依法改判以纠正一审法院错误的判决。

此致

重庆市第×中级人民法院

上诉人：重庆××大学

2021年5月24日

附：本上诉状副本3份

二、参照范文，学习和指导写作

（一）格式规范并符合要求

格式符合人民法院发布的《民事上诉状样式》要求。民事上诉状格式符合法院要求这是法院立案的最基本条件，格式不符合要求法院要求上诉人修订直至符合要求为止。

（二）标题

标题为"民事上诉状"，书写要正确。

（三）当事人基本信息写作要求

1．称谓要正确

当事人称谓是"上诉人（原审：原告或者被告，原审是什么称谓就写什么称谓）、被上诉人（原审：原告或者被告，原审是什么称谓就写什么称谓）。

2．当事人基本信息书写应全面、准确、正确

（1）当事人基本信息书写应全面。

当事人是单位可书写5个要素。参考范文书写单位基本信息。如上诉人（原审：原告）：重庆××大学；住所地：重庆市××县××大道××号；法定代表人：王××，学校校长；联系电话：×××××××××××。

当事人（上诉人或被上诉人）是自然人可书写 10 个要素。参考范文书写自然人基本信息。如被上诉人（原审被告）：余 B，男，汉族，住址：重庆市××县××镇××村×组××号，身份证号码：×××××××××××××××××，联系电话：××××××××××××等。

（2）当事人基本信息书写应准确、正确。

具体写法：参照一审民事判决书中列明的当事人的基本信息来书写二审程序当事人基本信息。经查实，确实一审法院判决书中把当事人基本信息弄错了，可以要求法院补正，亦可以已查实的信息为准。

（四）上诉请求写作要求

1．总要求

具体、明确；切忌使用相互矛盾的语言。

2．参考范文书写上诉请求

范文提出的上诉请求是：

（1）请求撤销重庆市××县人民法院作出（2021）渝×××民初××××号民事判决；

（2）或依法改判：① 依法确认原告和被告（余 A、余 B）之父、被告（王××）之子余××之间从 2017 年 8 月 29 日至 2020 年 5 月 29 日期间不存在劳动关系。② 依法确认原告和被告（余 A、余 B）之父、被告（王××）之子余××签订的聘用协议合法有效。

（3）一审、二审诉讼费用由被上诉人承担。

3．切忌使用相互矛盾的语言

如：

（1）请求撤销重庆市××县人民法院作出（2021）渝×××民初××××号民事判决；

（2）依法改判：①依法确认原告和被告（余 A、余 B）之父、被告（王××）之子余××之间从 2017 年 8 月 29 日至 2020 年 5 月 29 日期间不存在劳动关系。②依法确认原告和被告（余 A、余 B）之父、被告（王××）之子余××签订的聘用协议合法有效。

上述请求（1）和（2）撤销和改判相互矛盾，人民法院难以裁判。如果要使上诉请求（1）和（2）如果不矛盾，建议在上诉请求（2）中增加一个"或"字。司法实践中，上诉人常常使用"或"字这种写法，以满足上诉人两种需求"撤销、改判"，也便于二审法院灵活有效处理，如果一审法院判决确有错误，可以撤销一审判决，也可以在查清事实基础上依法改判，提高司法解决纠纷问题的效率，避免诉讼"马拉松"，既节省了时间、金钱，又避免了司法资源浪费。

（五）事实及理由书写要求

1．上诉缘由要书写明确

一般使用"不服"一审民事判决，特依法提起上诉。如范文：上诉人不服重庆市××县人民法院作出（2021）渝××××民初××××号民事判决；特依法上诉。

2．基本要求

事实客观真实；理由充实有据。客观事实指出一审法院原判决、裁定认定事实错误或者适用法律错误或者程序违法，请求二审法院判如所请。

3．事实及理由

这一部分在《民事上诉状》中不宜翔实阐述，简单简洁陈述。

（六）《民事上诉状》语言文字要求

1．正确使用法律术语

民事上诉状应正确使用如下法律术语：民事上诉状、上诉人、被上诉人、上诉请求等。

2．正确使用惯用语言

如：此致；上诉人、特依法上诉等。

3．语言简洁准确

篇幅宜控制在（A4纸）2页以内，字数控制在1000字以内。

（七）应注意的问题

1．在法定的上诉期限内，提起上诉

依据《民事诉讼法》第一百六十四条规定，不服地方法院第一审判决的，有权在判决书送达之日起十五日内提起上诉。不服地方法院裁定的，有权在裁定书送达之日起十日内提起上诉。当事人逾期不提起上诉，一审法院判决、裁定发生法律效力，丧失了救济渠道和机会。

2．二审管辖的法院要正确，向上一级法院上诉

在一审法院判决书中依法应向当事人写明，不服判决、裁定上诉的期限和上诉的法院，当事人按照判决、裁定书办理上诉就可以了。

第四节　申请书

一、《工伤认定中止申请书》

（一）工伤认定中止申请书（范文）

工伤认定中止申请书

申请人：重庆××大学

住所地：重庆市××县××大道××号

法定代表人：王××，学校校长；联系电话：×××××××××××。

申请事项：中止工伤认定

事实与理由：

余××于 1952 年 6 月 20 日出生。余××在重庆××大学提供劳务时已年满 66 岁，与重庆××大学签订了《聘用协议书》，余××聘用为门卫岗。余××于 2020 年 5 月 29 日下午突发疾病不幸死亡。余××近亲属现提出余××死亡工伤认定申请，申请人认为申请工伤认定其前提条件和依据是劳动者与用人单位存在劳动关系，而余××与申请人单位不存在劳动关系。

申请人与余××之间是否存在劳动关系发生争议，且是否存在劳动关系对于工伤认定具有依据作用和决定价值。申请人于 2020 年 12 月 17 日向重庆市××县劳动人事争议仲裁委员会提起仲裁申请，该委员会已依法受理。

为维护申请人合法权益，依据《工伤保险条例（2010 修订）》（中华人民共和国国务院令第 586 号）第二十条第三款之规定，故请求工伤认定机构依法中止工伤认定。

此致

重庆市××县人力资源和社会保障局

申请人：重庆××大学
2021 年 1 月 5 日

（二）参照范文，学习和指导写作

1. 标题

标题"工伤认定中止申请书"，要书写正确。这里是"中止"而不是"终止"，二者的含义是不同的。"中止"是暂时停止工伤认定程序，待条件成就时恢复工伤认定程序。而"终止"是结束工伤认定程序。

2. 申请人基本信息写作要求

（1）称谓要正确。称谓是"申请人"，并且是工伤认定申请程序中的"申请人"。

（2）申请人基本信息书写应全面、准确、正确。

① 申请人基本信息书写应全面。

申请人是单位可书写 5 个要素。参考范文书写单位申请人的基本信息。如申请人：重庆××大学；住所地：重庆市××县××大道××号；法定代表人：王××，学校校长；联系电话：×××××××××××。

② 申请人基本信息应百分之百准确、正确。

3．申请事项应具体、明确

如范文：中止工伤认定。

4．事实与理由

（1）事实要求：真实客观，不虚构对申请人有利的事实、不隐瞒对伤亡人员有利的真相。

如范文中的事实部分是"余××于 1952 年 6 月 20 日出生。余××在重庆××大学提供劳务时已年满 66 岁，与重庆××大学签订了《聘用协议书》，余××聘用为门卫岗。余××于 2020 年 5 月 29 日下午突发疾病不幸死亡"。

（2）理由：法律法规依据有据，理由依据充分。如范文中的理由部分："余××近亲属现提出余××死亡工伤认定申请，申请人认为申请工伤认定其前提条件和依据是劳动者与用人单位存在劳动关系，而余××与申请人单位不存在劳动关系。申请人与余××之间是否存在劳动关系发生争议，且是否存在劳动关系对于工伤认定具有依据作用和决定价值。申请人于 2020 年 12 月 17 日向重庆市××县劳动人事争议仲裁委员会提起仲裁申请，该委员会已依法受理。为维护合法权益，依据《工伤保险条例（2010 修订）》第二十条第三款之规定，请求依法中止工伤认定"。

二、仲裁申请书

（一）仲裁申请书（范文）

仲裁申请书

申请人：重庆××大学

住所地：重庆市××县××大道××号。

法定代表人：王××，学校校长；联系电话：××××××××××××。

被申请人：余A，男，汉族，住址：重庆市××县××镇××村×组××号，身份证号码：××××××××××××××××××，联系电话：×××××××××××。

被申请人：余B，男，汉族，住址：重庆市××县××镇××村×组××号，身份证号码：××××××××××××××××××，联系电话：×××××××××××。

被申请人：王××，女，汉族，住址：重庆市××县××镇××村×组××号，身份证号码：××××××××××××××××××，联系电话：×××××××××××。

申请事项：

依法确认申请人和被申请人余A和余B之父、王××之子余××之间从2017年8月29日至2020年5月29日期间不存在劳动合同关系。

事实和理由：

余××于1952年6月20日出生。2015年9月1日与重庆××学院签订《临聘协议书》时已年满63周岁。余××被聘用为学校门卫岗，且一直在门卫室从事门卫岗工作。余××于2020年5月29日下午未经请假私自外出学校，在外出期间突发疾病不幸死亡。余××其家属现已提出工伤认定申请，与申请人就余××是否与申请人存在劳动关系发生争议。申请人认为申请工伤认定其依据和前提条件应是劳动者与用人单位存在劳动关系。但申请人与余××之间从 2017 年 8 月 29 日至 2020 年 5 月 29 日期间不存在劳动关系。余××与申请人签订《聘用协议》时已超过 60 周岁，依据《合同法实施条例》(国务院令第 535 号) 第二十一条等规定，双方形成的用工关系按劳务关系处理。

为维护申请人的合法权益，申请人特向贵委依法申请确认与被申请人余A和余B之父、王××之子余××之间不存在劳动关系。

此致
重庆市××县劳动人事争议仲裁委员会

申请人：重庆××大学
2020 年 12 月 17 日

（二）参照范文，学习和指导写作

1. 标题

标题"仲裁申请书"，要书写正确。

2. 申请人基本信息写作要求

（1）称谓要正确。称谓是"申请人"，并且是劳动人事争议仲裁程序中的"申请人"。

（2）申请人基本信息书写应全面、准确、正确。

① 申请人基本信息书写应全面。申请人是单位可书写 5 个要素。参考范文书写单位基本信息。如申请人：重庆××大学；住所地：重庆市××县××大道××号；法定代表人：王××，学校校长；联系电话：×××××××××××。

申请人是自然人可书写 10 个要素。如：申请人：余B，男，汉族，住址重庆市××县××镇××村×组××号，身份证号码：××××××××××××××××，联系电话：×××××××××××等。

② 申请人基本信息应准确且正确，无差错。

3. 申请事项应书写具体、明确

如：依法确认申请人和被申请人余A和余B之父、王××之子余××之间从2017年8月29日至2020年5月29日期间不存在劳动合同关系。

4. 事实与理由

（1）事实要求：真实客观，不虚构谎报事实、不隐瞒事实真相。如范文中的事实部分是："余××于1952年6月20日出生。2015年9月1日与重庆××学院签订《临聘协议书》时已年满63周岁。余××聘用为学校门卫岗，且一直在门卫室从事门卫岗工作。余××于2020年5月29日下午未经请假私自外出学校，在外出期间突发疾病不幸死亡。"

（2）理由：法律法规依据有据，理由依据充分。如范文中的理由部分："余××其家属现已提出工伤认定申请，与申请人就余××是否与申请人存在劳动关系发生争议。申请人认为申请工伤认定其依据和前提条件应是劳动者与用人单位存在劳动关系。但申请人与余××之间从2017年8月29日至2020年5月29日期间不存在劳动关系。余××与申请人签订《聘用协议》时已超过60周岁，依据《合同法实施条例》第二十一条规定，依法申请确认与被申请人之间不存在劳动关系"。

三、民事撤诉申请书

（一）民事撤诉申请书（范文）

民事撤诉申请书

申请人：重庆××大学。

住所地：重庆市××县××大道××号。

法定代表人：王××，学校校长；联系电话：××××××××××。

被申请人：余A，男，汉族，住址：重庆市××县××镇××村×组××号，身份证号码：××××××××××××××××，电话：×××××××××××。

被申请人：余B，男，汉族，住址：重庆市××县××镇××村×组××号，身份证号码：××××××××××××××××，电话：×××××××××××。

被申请人：王××，女，汉族，住址：重庆市××县××镇××村×组××号，身份证号码：××××××××××××××××，电话：×××××××××××。

申请事项：申请撤销申请人与被申请人因确认劳动关系纠纷一案［案号（2021）渝×××民初×××号］。

事实与理由：

申请人与被申请人因确认劳动关系纠纷一案［案号：（2021）渝×××民初×××号］，贵院已受理，并定于2021年4月23日15时开庭。因申请人的代理人在四川省高校工作，依据四川省和高校防疫、管控措施有关规定，疫情防疫期间不准教职工出四川省外，不能准时参加本案的庭审。现申请人依据《中华人民共和国民事诉讼法》有关规定，依法申请撤诉，请予批准。

此致

重庆市××县人民法院

申请人：重庆××大学

2021年4月20日

（二）参照范文，学习和指导写作

1．标题

标题为"民事撤诉申请书"，要书写正确。

2. 申请人基本信息写作要求

（1）称谓要正确。称谓是"申请人"，并且是民事诉讼一审程序中的"申请人"。

（2）申请人基本信息书写应全面、准确、正确。

① 申请人和被申请人基本信息书写应全面。

申请人是单位可书写5个要素。参考范文书写单位申请人的基本信息。如申请人：重庆××大学；住所地：重庆市××县××大道××号；法定代表人：王××，学校校长；联系电话：×××××××××××。

被申请人是自然人可书写10个要素。如：被申请人：王××，女，汉族，住址：重庆市××县××镇××村×组××号，身份证号码：××××××××××××××××××，电话：××××××××××××等。

② 申请人和被申请人基本信息应准确且正确，无失误无差错。

3. 申请事项应书写具体、明确

如范文：申请撤销申请人与被申请人因确认劳动关系纠纷一案[案号（2021）渝×××民初×××号]。

4. 事实与理由

（1）事实要求：真实客观。如范文中的事实部分是："申请人与被申请人因确认劳动关系纠纷一案[案号（2021）渝××××民初×××号]，贵院已受理，并定于2021年4月23日15时开庭。因申请人的代理人在四川省高校工作……"。

（2）理由：法律法规依据有据有理，且理由充分。如范文中的理由部分："依据四川省和高校防疫、管控措施有关规定，疫情防疫期间不准教职工出四川省外，不能准时参加本案的庭审。现申请人依据《中华人民共和国民事诉讼法》有关规定，依法申请撤诉"。

四、延期开庭暨举证申请书

(一)延期开庭暨举证申请书(范文)

延期举证暨开庭申请书

申请人:重庆××大学。

住所地:重庆市××县××大道××号。

法定代表人:王××,学校校长;联系电话:××××××
×××××。

申请事项:

(1)请求延期举证;

(2)请求依法延期开庭审理申请人劳动争议纠纷一案。

事实和理由:

申请人(上诉人)与被上诉人(余A、余B)之父、被告(王××)之子余××劳动争议纠纷一案,贵院已受理,并定于2021年7月12日15时开庭。因申请人的代理人重庆××律师事务所贺××律师于2021年7月12日16时在重庆市××区人民法院开庭。

综上所述,申请人的代理人不能及时调查收集本案证据,不能准时参加本案的庭审。特依《民事诉讼法》第146条等有关规定,申请延期举证,申请延期开庭审理,请予准许。

此致

重庆市第×中级人民法院

申请人:重庆××大学
2021年7月9日

(二)参照范文,学习和指导写作

1. 标题

标题为"延期开庭暨举证申请书",要书写正确。

2．申请人基本信息写作要求

（1）称谓要正确。称谓是"申请人"，并且是民事诉讼二审程序中的"申请人"。

（2）申请人基本信息书写应全面、准确、正确。

① 申请人基本信息书写应全面。

申请人是单位可书写5个要素。参考范文书写单位申请人的基本信息。如申请人：重庆××大学；住所地：重庆市××县××大道××号；法定代表人：王××，学校校长；联系电话：×××××××××××。

② 申请人基本信息应准确且正确，无失误无差错。

3．申请事项应书写具体、明确

如范文：

（1）请求延期举证；

（2）请求依法延期开庭审理申请人劳动争议纠纷一案。

4．事实与理由

（1）事实要求：真实客观。如范文中的事实部分是："申请人（上诉人）与被上诉人（余A、余B）之父、被告（王××）之子余××劳动争议纠纷一案，贵院已受理，并定2021年7月12日15时开庭"。

（2）理由：法律法规依据有据有理，且理由充分。如范文中的理由部分："因申请人的代理人重庆××律师事务所贺××律师于2021年7月12日16时在重庆市××区人民法院开庭。综上所述，申请人的代理人不能及时调查收集本案证据，不能准时参加本案的庭审。特依《民事诉讼法》第146条等有关规定，申请延期举证，申请延期开庭审理"。

五、保险理赔申请书

（一）范文

保险理赔申请书

申请人：重庆××大学是《教职员工校方责任保险》的投保人和被保险人。住所地：重庆市××县××大道××号；法定代表人：王××，学校校长；联系电话：××××××××××。

申请事项：

请求××××××保险公司向申请人支付余××因公死亡：

① 死亡赔偿金 45 万元；② 特约死亡赔偿金 15 万元；③ 医疗费用 11669 元；

以上保险理赔金额共计：61.1669 万元。

事实与理由：

我校于 2019 年 9 月 1 日为 1200 名教职工（含余××员工）在贵公司购买和投保了《教职员工校方责任保险》，保险责任期限为：2019 年 9 月 1 日至 2020 年 8 月 31 日。投保人和被保险人为：重庆××大学。我校职工余××于 2020 年 5 月 29 日突发疾病在 48 小时以内死亡，发生保险事故。申请人认为：余××死亡在保险期间，属于保险事故和保险责任。保险事故发生后，学校聘请律师取证，积极配合法院开庭、调解。现双方已达成生效的民事调解书。民事调解书达成一致性赔偿协议并由人民法院依法予以确认其法律效力。一致性赔偿协议如下：由重庆××大学一次性赔偿 61.1669 万元（包括：死亡赔偿金 45 万元、特约死亡赔偿金 15 万元、医疗费用 11669 元），申请人已将 61.1669 万元全额支付给余××的近亲属（余A、余B、王××）。死亡赔偿金、特约死亡赔偿金和医疗费用的赔偿项目和赔偿金额完全符合《教职员工校方责任保险》相关条款约定，并且赔偿项目均亦未超过最高赔偿限额，也未超过总的赔偿限额。

综上所述，故根据《教职员工校方责任保险》相关规定，特向贵公司申请保险理赔。

　　此致

××××××保险公司

申请人：重庆××大学

2021年9月1日

（二）参照范文，学习和指导写作

1. 标题

标题为"保险理赔申请书"，要书写正确。

2. 申请人基本信息写作要求

（1）称谓要正确。称谓是"申请人"。

（2）申请人基本信息书写应全面、准确、正确。

① 申请人基本信息书写应全面。

申请人可书写5个要素。如申请人：重庆××大学；住所地：重庆市××县××大道××号；法定代表人：王××，学校校长；联系电话：××××××××××。

② 申请人基本信息应准确无误，正确无差错。

3. 申请事项应书写具体、明确

如范文：请求××××××保险公司向申请人支付余××因公死亡：

（1）死亡赔偿金45万元；

（2）特约死亡赔偿金15万元；

（3）医疗费用11 669元。保险理赔金额共计：61.1669万元。

4. 事实与理由

（1）事实要求：客观真实，否则将涉嫌保险诈骗。如范文中的事实部分是："我校于2019年9月1日为1200名教职工（含余××员工）在贵公司购买和投保了《教职员工校方责任保险》，保险责任期限为：2019年9月1日至2020年8月31日。投保人和被保险人为：重庆××大学。我校职工余××于2020年5月29日突发疾病在48小时以内死亡，发生保险事故"。

（2）理由：法律法规有依据，保险条款有约定，理由充分。如范文中的理由部分："余××死亡在保险期间，属于保险事故和保险责任。保险事故发生后，学校聘请律师取证，积极配合法院开庭，调解。现双方已达成生效的民事调解书。民事调解书达成一致性赔偿协议并由人民法院依法予以确认其法律效力。一致性赔偿协议如下：由重庆××大学一次性赔偿61.1669万元（包括：死亡赔偿金45万元、特约死亡赔偿金15万元、医疗费用11 669元），申请人已将61.1669万元全额支付给余××的近亲属（余A、余B、王××）。死亡赔偿金、特约死亡赔偿金和医疗费用的赔偿项目和赔偿金额完全符合《教职员工校方责任保险》相关条款约定，并且赔偿项目均亦未超过最高赔偿限额，也未超过总的赔偿限额。综上所述，故根据《教职员工校方责任保险》相关规定，特向贵公司申请保险理赔"。

第五节 代理词

代理词是指民事诉讼代理人依据事实、证据和法律在庭审中发表的对案件的基本主张、基本观点和基本看法，请求人民法院予以采信的法务文书。

一、一审代理词

（一）代理词（范文）

代理词

尊敬的审判长、审判员：

受原告重庆××大学委托，以原告工作人员的名义作为一审诉讼代理人，现结合本案事实、案情证据，特发表如下代理意见，望法庭予以采信为谢！

第一，原告和余××之间从2017年8月29日至2020年5月29日期间不存在劳动关系。

事实与理由：

一是余××在重庆××大学提供劳务时已年满66岁，余××不再是劳动法主体资格，不能作为劳动合同的一方当事人，亦无权根据劳动合同关系主张相应的权利。

二是行政法规规定，劳动者达到法定退休年龄的，劳动合同终止。法规依据是《劳动合同法实施条例》第二十一条规定，劳动者达到法定退休年龄的，劳动合同终止。

三是法院类案裁判观点和规则。截至2021年7月8日为止，在中国裁判文书网搜索，最高人民法院尚无类案，但重庆市高级人民法院有案例：熊××与重庆市××区环境卫生管理所劳动争议申诉、申请再审民事裁定书（重庆市高级人民法院民事裁定书（××××）渝民申×××号）、谭××与重庆市××区×镇××有限公司劳动争议再审民事判决书（重庆市高级人民法院民事判决书（××××）渝民再×××号）等本案类案的观点和裁判规则是超过法定退休年龄的劳动者，不管是否享受基本养老保险待遇、是否领取退休金，都不再与用人单位建立劳动合同关系，一律"按照劳务关系处理"。

第二，原告和余××之间从2017年8月29日至2020年5月29日期间，双方形成劳务关系，依据民事法律关系调整双方的权利义务。

最高人民法院意见：应当按劳务关系处理。依据是《最高人民法院关于审理劳动争议案件适用法律问题的解释（一）》（法释〔2020〕26号）第三十二条用人单位与其招用的已经依法享受养老保险待遇或者领取退休金的人员发生用工争议而提起诉讼的，人民法院应当按劳务关系处理。

第三，余××与学校签订的《聘用协议书》中明确约定：双方形成劳务关系，应充分尊重当事人的个人意思自治，依照双方自愿签订的《聘用协议书》确定双方的权利义务关系。《聘用协议书》第十三条（特别约定）第一款第三项、第十四条（特别告知）第一款第五项约定：乙方与甲方属于劳务关系，乙方及其亲属不享受劳动法规定的权利和待遇。

第四，原告和余××签订的《聘用协议》合法有效。

一是如前所述，余××无论是否享受养老保险、是否领取退休金均不是适格的劳动合同主体资格，其不能作为劳动合同的一方当事人，亦无权根据劳动合同关系主张相应的权利，与原告双方成立劳务关系，由民事法律调整。二是该聘用协议是在自愿平等的基础上签订，系双方真实意思表示，该聘用协议已成立生效。三是该聘用协议不违反法律、行政法规的强制性规定，不违背公序良俗，亦无导致合同无效的其他情形。四是双方已履行了该聘用协议。五是余××已超前享受民事权利，原告每月已预付医疗、人身伤害等补助500元。

重庆市××县人民法院

重庆××大学代理人：何××

2021年5月6日

（二）参照范文，学习和指导写作

1. 标题

标题为"代理词"，要书写正确。代理词是在诉讼中由代理人依据事实和法律发表的关于对案件的基本观点和主张的一种规范的专门法律术语。代理词供人民法院裁判案件参考。代理词不能书写成"代理意见"或"代理看法"。

2. 代理缘由要书写清楚明白，于法有据

如范文：受原告重庆××大学委托，以原告单位工作人员的名义作为一审诉讼代理人（依据《最高人民法院关于适用<中华人民共和国民事诉讼法>的解释（2020 修正）》（法释〔2020〕20号）第八十六条规定）。

3．第一句语言使用敬重语言

表示对法律、法官和合议庭人员的尊敬。如范文：尊敬的审判长、审判员。

4．代理观点明确、有理有据

观点宜以要点式方式表达，确保条理清晰。如范文："第一，原告和余××之间从2017年8月29日至2020年5月29日期间不存在劳动关系。第二，原告和余××之间从2017年8月29日至2020年5月29日期间，双方形成劳务关系，应依据民事法律关系调整双方的权利义务。第三，余××与学校签订的《聘用协议书》中明确约定：双方形成劳务关系，应充分尊重当事人的个人意思自治，依照双方自愿签订的《聘用协议书》确定双方的权利义务关系。第四，原告和余××签订的聘用协议合法有效。"

5．观点有事实依据、有法律法规根据、有最高院、高级法院类案裁判观点

如范文："第一，原告和余××之间从2017年8月29日至2020年5月29日期间不存在劳动关系。

事实与理由：

一是事实依据。余××在重庆××大学提供劳务时已年满66岁。二是有法律法规根据。行政法规规定：劳动者达到法定退休年龄的，劳动合同终止（依据《劳动合同法实施条例》第二十一条规定）。三是法院类案裁判观点和规则：一律'按照劳务关系处理'。"

二、二审代理词

（一）代理词（范文）

代理词

尊敬的审判长、审判员：

受上诉人委托，以上诉人单位工作人员的名义作为二审诉讼

代理人，特发表如下代理意见，望法庭予以采信为谢！

第一，一审法院认定事实错误，且认定不清楚、不充分，系错误判决。

一审法院认定"余××系重庆××学院员工，在学校门卫室负责开关校门、师生进出、外来人员和车辆出入登记，在疫情期间还负责学校师生及外来人员进出的体温检测和登记工作。2020年5月29日下午，余××在工作期间突发疾病，后送入××县人民医院急诊科抢救后死亡"，属于事实认定错误。

一、认定的错误的事实

一是余××系重庆××学院员工错误。本案原告是重庆××大学，而不是重庆××学院。重庆××学院与重庆××大学是两个不同的独立法人。重庆××学院不是本案当事人，与本案无关。二是余××在工作期间突发疾病认定错误。客观事实是余××是在休息时间突发疾病，并非在工作期间突发疾病。

二、关键的事实未认定未查清

一是余××出生于1952年6月20日，余××出生年月日事实的认定与余××开始在重庆××大学提供劳务时已年满66岁的事实直接关联。二是余××于2017年8月29日开始在重庆××大学提供劳务时已年满66岁，认定66岁的事实与余××已属于超龄人员直接关联，而超龄人员依据法律法规规定，与用人单位建立劳务关系，而非劳动关系。三是余××于2019年1月1日与重庆××大学签订了《聘用协议书》。四是余××是在校外发病的事实未认定，与工作岗位与学校无关联。

第二，认定证据错误，违反证据应用规则。

一是违反证据"三性"原则，把与本案无关联的《临聘协议书》作为本案证据予以审查，超越职权范围;《临聘协议书》依法应予排除，《临聘协议书》是余××于2015年9月1日与重庆××学院签订，而本案原告是重庆××大学。重庆××大学从未与余××签订《临聘协议书》。《临聘协议书》与本案毫无关联，依法不属于法院审查范围，依法应予排除。

二是一审法院未能正确应用证据规则导致判决错误；本案依法应运用"已知的事实和法律推定的事实"正确判决确认原告与余××之间不存在劳动关系，而不是《临聘协议书》和《聘用协议书》因余××签字笔迹不同而驳回诉讼。

（1）一审法院未能正确应用证据规则导致判决错误表现在：一审法院依法不应以原告提供的"《临聘协议书》与《聘用协议书》因余××签字笔迹不同"而驳回原告诉讼请求，违反民事诉讼证据规则。

事实与理由：

一是如前所述，《临聘协议书》与本案毫无关联性，依法应予排除。二是即使余××签字笔迹不同也不能完全否定《聘用协议书》的真实性、合法性和关联性；三是同一个人在不同场合签字的笔迹不同也符合常理常情。四是即使本案重庆××大学与余××没有签订《聘用协议书》，一审法院亦应依据"已知的事实和法律推定的事实"正确判决本案。

（2）本案应依法运用"已知的事实和法律推定的事实"正确判决本案，确认余××与重庆××大学不存在劳动关系。本案应抓住有证据证明的已知的3个时间节点（余××出生时间节点、余××年满60周岁时间节点、重庆××大学成立时间节点）即已知的事实，再依法律法规规定推定的事实，正确判决余××与重庆××大学不存在劳动关系。

① 依据有证据证明的已知的三个时间节点，证明余××开始在重庆××大学提供劳务时已经年满66岁。

一是余××出生时间是1952年6月20日（余××身份证信息、协议书相关信息证明）。

二是余××年满60周岁的时间是2012年6月21日（依据余××身份证信息推定余××年满60周岁的时间节点）。

三是重庆××大学成立时间是2017年8月29日,推定余××开始在重庆××大学提供劳务时已年满66岁的事实。

综上所述,依据《最高人民法院关于民事诉讼证据的若干规定(2019修正)》第十条第一款(第四)项规定"根据已知的事实和日常生活经验法则推定出的另一事实",故此,余××与重庆××大学是否签订《聘用协议书》均不能否定余××开始在重庆××大学提供劳务时已经年满66岁的事实。

② 依据现行生效的法律法规等规定,推定余××属于超龄人员,余××与重庆××大学不存在劳动关系。

一是依据法律法规规定,余××开始在学校工作时已达到法定退休年龄。因余××在重庆××大学提供劳务时已年满66岁,达到《国务院关于工人退休、退职的暂行办法》规定的退休年龄(男满60周岁退休),证明余××属于超龄人员。

二是根据达到法定退休年龄劳动合同终止的法律法规规定,推定余××与重庆××大学劳动关系终止的事实。依据《中华人民共和国劳动合同法(2012修正)》第四十四条第一款第(六)项规定"法律、行政法规规定的其他情形"劳动合同终止。依据《劳动合同法实施条例》第二十一条规定,劳动者达到法定退休年龄的,劳动合同终止。故此,余××与重庆××大学劳动关系终止即不存在劳动关系。

③ 即使余××未与重庆××大学签订《聘用协议书》,本案也能依据相关证据证实:余××与重庆××大学存在劳务关系,而非劳动关系。

一是余××身份证信息证明:余××生于1952年6月20日。二是重庆××大学成立于2017年8月29日。三是一审被告提供的《××县人民医院住院病人(余××)出院病情证明书》证明证实:余××于2020年5月29日入院时已满68周岁。四是一审被告方答辩自认:余××的工资系学校打到余××邮政银行账户

(见一审判决书第2页倒数第2行、第1行),证明证实成立事实劳务关系。

综上述证据足以充分证明证实:余××在重庆××大学提供劳务时已年满66岁,且在学校领取了工资,属于达到法定退休年龄的人员。

第三,一审法院判决驳回原告起诉是适用法律错误;而本案适用的法律法规等应分为两大类。

第一类是判决余××与重庆××大学不存在劳动关系,是劳务关系的法律法规、司法解释、法院裁判观点类:包括《劳动合同法实施条例》第二十一条、最高人民法院司法解释、重庆市高级人民法院判例。

一是法律法规明确规定,达到法定退休年龄的人员与用人单位劳动关系终止。依据《劳动合同法实施条例》第二十一条规定,劳动者达到法定退休年龄的,劳动合同终止。

二是依据《最高人民法院关于审理劳动争议案件适用法律问题的解释(一)》(法释〔2020〕26号)第三十二条规定,超龄人员与用人单位纠纷应当按劳务关系处理。

三是重庆市高级人民法院类案裁判观点和规则:截至2021年7月8日为止,在中国裁判文书网搜索:最高人民法院尚无类案;但重庆市高级人民法院熊××与重庆市××区环境卫生管理所劳动争议申诉、申请再审民事裁定书等本案类案的观点和裁判规则是超过法定退休年龄的劳动者,不管是否享受基本养老保险待遇、是否领取退休金,都不再与用人单位建立劳动合同关系,一律"按照劳务关系处理"。

四是余××与一审原告签订的《聘用协议书》中明确约定:双方形成劳务关系,应充分尊重当事人的个人意思自治,依照双方自愿签订的《聘用协议书》确定双方的权利义务关系《聘用协议书》第十三条(特别约定)第一款第三项、第十四条(特别告知)第一款第五项约定:乙方与甲方属于劳务关系,乙方及其亲属不享受劳动法规定的权利和待遇。

第二类是依据《民法典》有关规定，判决余××与重庆××大学签订的《聘用协议书》合法有效。余××与重庆××大学于2019年1月1日签订了《聘用协议》。依据《民法典》第五百零二条规定，依法成立的合同，自成立时生效。故此，余××与重庆××大学的《聘用协议》于2019年1月1日始生效。

第四，余××与重庆××大学签订的《聘用协议书》合法有效。

一是如前所述，余××无论是否享受养老保险、是否领取退休金均不是适格的劳动合同主体资格，其不能作为劳动合同的一方当事人，亦无权根据劳动合同关系主张相应的权利，与原告双方成立劳务关系，由民事法律调整。二是该聘用协议是在自愿平等的基础上签订，系双方真实意思表示，该聘用协议已成立生效。三是该聘用协议不违反法律、行政法规的强制性规定，不违背公序良俗，亦无导致合同无效的其他情形。四是双方已履行了该聘用协议。五是余××已超前享受民事权利，原告每月已预付医疗、人身伤害等补助500元。

综上所述，一审法院无论是事实认定、证据规则应用，还是适用法律均是错误的，余××在重庆××大学工作时超龄的关键事实未认定；余××在校外休息时间突发疾病的关键事实未认定；请求二审法院依法纠错、对关键事实予以认定并正确判决。

综上所述，为维护上诉人合法权益，请求二审法院依法撤销一审判决，或依法改判以纠正一审法院错误的判决。

重庆市第×中级人民法院

重庆××大学代理人：何××
2021年8月17日

（二）参照范文，学习和指导写作

1. 标题

标题为"代理词"，要书写正确。

2．代理缘由要书写清楚明白，于法有据

如范文：受上诉人委托，以上诉人单位工作人员的名义作为二审诉讼代理人（依据《最高人民法院关于适用<中华人民共和国民事诉讼法>的解释（2020修正）》（法释〔2020〕20号）第八十六条规定）。

3．抓住关键，精准辩论

二审代理词的关键要精准发现一审法院可能出现的"四大错误"，这是书写二审代理词的前提条件和关键之点。"四大错误"：一是程序违法，导致裁判不公平。如证据未在法庭上出示、未经当事人质证等。二是认定事实错误。三是证据认定错误，违反证据规则。四是法律认识和适用法律错误。

4．观点鲜明，要点式表达，条理清晰，逻辑性强

如范文："第一，一审法院认定事实错误且不清楚不充分，系枉法判决。""第二，证据认定错误，违反证据规则。""第三，一审法院判决驳回原告起诉是适用法律错误。""第四，余××与重庆××大学签订的《聘用协议书》合法有效。"

5．观点有理论依据有事实依据、有法律法规根据、有对法律法规认识及正确适用法律等

如范文："第二，认定证据错误，违反证据规则。事实与理由：一是违反证据'三性'原则，把与本案无关联的《临聘协议书》作为本案证据予以审查，超越职权范围；《临聘协议书》依法应予排除。""二是一审法院未能正确应用证据规则导致判决错误；本案依法应运用'已知的事实和法律推定的事实'正确判决确认原告与余××之间不存在劳动关系，而不是《临聘协议书》和《聘用协议书》因余××签字笔迹不同而驳回诉讼。"

高校秘书日常管理事务工作

第三编

第七章　高校秘书文件管理工作

第一节　文件管理原则

一、高校秘书文件管理的概念

高校秘书文件管理是指秘书对经办经手的"红头文件"的接受、登记、发放、检索、保存和保管等的总称。文件管理是高校秘书特别是文字秘书最重要的工作职责和工作任务。

二、文件管理原则

（一）专人管理原则

文件专人管理是指文件由专门的人管理。高校文字秘书（简称文秘）专门负责文件管理工作。高校的文件数量巨大，种类繁多。通常高校学校办公室设置"文秘"岗位，专门负责文件的拟制、办理、管理等一系列相互关联、衔接有序的文件处理工作。高校内设的二级部门办公室一般设置秘书岗位，负责本二级部门的文件管理工作。高校文件专人管理职责明确，责任落实，有利于文件高效高质管理。

（二）安全原则

高校文件属于学校内部使用的不对外公开的工作文件，仅供学校相关人员工作使用。文件安全尤为重要，专人管理人员须采取放入文件柜、关门上锁等安全措施，防止文件被盗、丢失、污染或毁损，确保文件在管理有效期内安全可靠可用。

（三）合法合规利用原则

文件利用是指对文件的阅览、复制和摘录。

文件利用应注意以下几方面：

（1）依照党内法规利用。党内文件，学校党员教职工依据《党员权利保障条例》第七条规定，有权按照规定阅读。

（2）依照法律法规利用。如教职工违纪处分文件，被处分者依法依规利用。依据《事业单位人事管理条例》第三十八条规定，事业单位工作人员对涉及本人的考核结果、处分决定等不服的，可以按照国家有关规定申请复核、提出申诉。被处分的教职工依法申请复核、提出申诉时，可以阅览、复制有关处分文件。

（四）保密原则

文件管理须慎之又慎，不将文件带离办公区域，不将文件内容告知无关人员，更不能将获知文件内容作为炫耀的资本。高校文件（"红头文件"，在学校官网上公布的"通知公告"内容除外）特别是保密文件，文件管理人员必须遵守保密法律法规和学校保密纪律等规定，严防文件丢失、文件内容泄密，否则将依法依规追究泄密者的责任。高校需要保密的文件有以下几类：

（1）保密文件类。保密文件是指在文件中标注"绝密"或"机密"或"秘密"和有保密期限的文件，依照法定程序确定，在一定时间内只限一定范围的人员知悉的事项。依据《保守国家秘密法》《保守国家秘密法实施条例》有关规定，保守国家秘密，不得将涉及国家秘密的信息公开。

（2）学校工作秘密类文件。这类学校文件涉及专业、评估、教学等工作秘密，学校不愿意公开，需要做好保密工作。如：高校专业文件（如：专业核心课程建设与改革立项名单、本科专业人才培养方案等）、高校评估文件（如：学校专业评估方案、本科教学工作审核评估整改报告等）、高校教学文件（如：本科教育教学质量保证体系、教学单位目标考核方案、教师课堂教学规范）等。

（3）师生隐私类文件。师生隐私类文件是指师生不愿意他人知道或他人不便于知道的信息，隐私就是一种与公共利益、群体利益无关的信息。师生隐私文件主要包括性骚扰隐私。所谓"性骚扰"是指违背他人意愿，以言语、文字、图像等方式对他人实施性骚扰。

高校教职工性骚扰行为违反了《中华人民共和国民法典》第一千零一十条《新时代高校教师职业行为十项准则》第六项规定，高校对性骚扰者进行党纪处分和行政处分的文件，涉及被害者个人隐私，高校依法应予保密。

第二节　文件管理方法

一、分类管理法

分类管理法是指按照学校工作部门性质、职责权限、文件内容等对文件进行分类，分类管理便于查询、统计，有利于提高文件管理效率。高校秘书分类管理文件具体如下：

（一）党政分类法

党政分类法就是按照文件性质分类，实行党政分开管理，党务文件纳入党务文件系统管理，行政文件纳入行政文件系统管理。党务文件是指党务部门（如：党委、党总支、组织部、宣传部、统战部、纪委等）印发的文件；行政文件是指以行政机关或行政名义印发的文件（如：冠以"高校"名称的文件，高校内设的学生处、人事处、后勤管理处等具有行政职能部门印发的文件）。

（二）年度分类法

按照文件印发实施的年度进行分类。如：2019年文件、2020年文件、2021年文件。

（三）保密与非保密分类法

按照文件是否属于保密文件分为保密文件和非保密文件。对于保密文件按照保密文件有关规定，进行保密管理。

（四）校内和校外分类法

校内和校外分类法是按照文件发文机关是否是学校来分类，发文机关是学校则是校内文件，发文机关是非学校的其他单位的文件则是校外文件，校外文件包括：上级机关的文件、平行机关的文件或不相隶属机关的文件。

二、清单管理法

清单管理法是指制作文件清单，把学校所有的文件按照时间先后顺序，进行登记，填写《学校文件清单》，纳入文件清单管理系统。清单管理法有利于文件查找、汇总，有利于防止文件遗漏，有利于提升文件管理效率。《学校文件清单》式样见表7-1。

表7-1 学校文件清单

学校文件清单								
序号	收文时间	文件名称	发文单位	发文字号	密级保密期限	实施日期	文件管理人	备注

三、借阅登记管理法

高校文件（保密文件除外）教职工因工作需要借阅文件，按照学校文件管理有关规定，申请人需填写《学校文件借阅申请单》，经学校审批后由文件管理人负责文件借阅经办工作。

《学校文件借阅申请单》式样见表7-2：

表 7-2　学校文件借阅申请单

学校文件借阅申请单							
文件名称	发文单位	发文字号	借阅事由	借阅及归还时间	申请人签字	审批人签字	备注

四、复印批准管理法

高校文件（保密文件除外）因工作或诉讼等需要复印文件，按照学校文件管理有关规定，申请人需填写《学校文件复印申请单》，经学校审批后由文件管理人负责文件的复印工作。复印件还需文件管理人在复印件上签署"此复印件与原件相符"，并加盖学校印章。

《学校文件复印申请单》式样见表 7-3：

表 7-3　学校文件复印申请单

学校文件复印申请单								
文件名称	发文单位	发文字号	复印事由	申请人签字	审批人签字	复印时间	复印人签字	备注

五、归档管理法

学校参照《机关档案管理规定》（国家档案局令第 13 号）第六十九条、第三十五条和第三十六条规定，高校应当在第二年六月底前将上一年度的归档文件材料的原件向学校档案馆（或档案综合室）归档，纳入学校档案管理系统。

第八章　高校秘书考勤考核工作

第一节　高校秘书考勤考核工作概述

考勤是指高校对教职工上下班作息和出勤情况的检查、督促和记录。考勤主要是对教职工遵守学校作息制度和劳动纪律情况的记载。一般每月汇总出教职工出勤情况（如：迟到、早退、旷工、事假、病假）。考核是高校对教职工德、能、勤、绩的评价，目前，我国高校实行年度考核。

高校教职工考勤考核工作一般由学校人事处负责统领统一组织实施，高校内部各二级部门（包括各职能部门和教学系（院）具体负责对本单位教职工的考勤考核工作。

高校二级部门教职工考勤考核具体工作由二级部门秘书负责实施，教职工考勤考核工作已成为二级部门秘书重要工作内容和工作任务。

第二节　高校二级单位秘书考勤考核工作实务

高校教职工考勤是指日常出勤情况考评，高校教职工考核是指年度考核。高校二级单位秘书应做好以下几方面工作。

一、按照规定，做好考勤工作

高校二级单位秘书按照学校关于教职工考勤规章制度，对本单位教职工的平常出勤情况进行考勤，结合本单位实际，考勤形式包括：一是实行签到制。秘书制作《教职工考勤表》，该考勤表的内容包括姓名、上班时间、下班时间、备注等栏目，教职工上班由教职工本人在《教职工考勤表》上签字，注明上班时间。二

是实行"刷脸"制。在办公室合适的地方安装"刷脸机",教职工上班自行"刷脸"签到。高校二级单位秘书应做好以下考勤工作:

(1)制作和打印《教职工考勤表》;

(2)监督和督促教职工每天做好"签到"或"刷脸"签到工作;

(3)做好每天教职工出勤考勤的核实和汇总工作,包括出勤、缺席、迟到、早退情况;

(4)做好每月教职工的出勤情况汇总工作,并将汇总材料报送学校人事处。

二、按照规定,做好教职工年度考核工作

高校依据《事业单位人事管理条例》第二十条、第二十一条、第二十二天等规定,做好年度考核工作。高校教职工年度考核工作是对教职工年度工作纪律、工作表现和工作绩效等方面的综合评价,关系到教职工切身利益,非常重要。高校二级单位秘书应做好以下考核工作:

(一)准备年度考核资料

包括:学校年度考核文件、编制和打印教职工年度考核民主测评表、会议签到表。

(二)召开教职工年度考核大会,做好考核相关工作

高校二级单位秘书须做好:年度考核参加会议人员签到工作,年度考核会议记录工作,发放、回收教职工年度考核民主测评表。

(三)编制和汇总年度考核资料,报送学校人事处

(1)统计教职工民主测评表,包括:每名教职工得票情况(优秀、合格、基本合格、不合格)。

（2）编制本部门年度考核情况报告，包括：年度考核开展情况、教职工年度考核档次（含优秀教职工人数、合格教职工人数、基本合格教职工人数和不合格教职工人数）等。

（四）按照规定，做好年度考核复核和申诉工作

依据《事业单位人事管理条例》第三十八条规定，事业单位工作人员对涉及本人的考核结果、处分决定等不服的，可以按照《劳动人事争议仲裁办案规则（2017）》第二条等规定，申请复核、提出申诉。

第九章 高校秘书会务工作

第一节 会务工作概述

会议是高校一种经常性活动形式,高校秘书工作重要职责之一就是承办会议,简称"办会"。高校办公室会务工作是办公室日常工作的重要组成部分,同时也是展露学校风采、展示学校水平、展现学校成就的窗口门户。

目前,高校贯彻落实《中共中央政治局关于改进工作作风、密切联系群众的八项规定》,精简会议活动,切实改进会风,提高会议实效,开短会、讲短话,力戒空话、套话。目前,高校会议有所精简,但高校会议类别较多,如:学校书记办公会、学校党委常委会、学校校长办公会、学校党政联席会议、学校教代会、学校工代会、学校教职工大会等。

要成功主办各类会议,高校秘书则须做好资料准备、会场布置、会议通知、会议记录等服务工作。

第二节 高校秘书会务工作实务

一、准备会务资料

(一)会务资料准备准确充分

高校秘书需要根据不同的会议主题等准备不同资料。常见的会议资料有:文件资料、领导讲话稿、会议议程等。

(二)资料装订精致

按照会议议程的先后顺序准备资料,并把这些资料装订成册,每位参加会议人员准备1份。

二、布置会场

（一）做好会场卫生

在确定开会地点后，高校秘书首先要到开会地点和会场查看会场环境，组织人力做好清洁卫生，做到窗明几净，环境舒适美观。

（二）制作会标

会标简而言之就是会议的标识，重大会议一般都有会标。

（1）会标形式精美。会标的字体、颜色、大小等美化精致。

（2）会标内容准确，突出主题。会标制作要精致精美，内容设计上一般要突出会议的主题、举办地、举办时间等。如：重庆××大学2021年招生录取工作会议、重庆××大学80周年校庆、重庆××大学2021年新生军训工作总结表彰大会等。

（三）布置会议主席台

按照主席台人数的多少，摆放数量适当的桌椅；摆放适宜的茶杯；检查讲话话筒是否能正常使用，还需配置1~2个备用话筒，以备应急所需等。

（四）制作和正确摆放主席台座位牌

1．姓名正确

座位牌上打印的参加会议的人员的姓名必须一丝不苟，百分之百正确，切记不要出现错别字，要反复核实核对，确保万无一失。姓名正确是对参加会议者的最基本尊重。

2．主席台座位牌摆放次序准确

主席台座位牌摆放分为两种情形：第一种情形是学校内部会议，没有外来领导和客人参加。第二种情形是既有外来领导和客人参加，又有学校领导参加。

第一种情形，学校内部领导参加会议坐主席台，座位牌摆放遵循以下几个原则：

（1）职务级别高低原则。按照职务级别高低摆放座位牌次序，在一个会议中参加会议的人员中职务级别最高者座位牌摆放在主席台中心位置，表示对职务最高者的敬重，其次在主席台中心位置的右边第一位置摆放职务级别比中心位置较低的领导的座位牌。再次，在主席台中心位置的左边的第一个位置摆放比右边第一位置的领导职务级别较低的领导座位牌，按照"右边—左边—再右边—再左边"的次序依次摆放领导的座位牌。如果职务级别相同，则按照党内职务优先。如：学校会议党委书记和校长都要参加会议，书记和校长级别相同，但党委书记座位牌应摆放在主席台中心位置，然后校长座位牌则摆放在党委书记右边第一个位置。这是因为高校党委书记和学校校长级别都是相同的，但高校是在党委领导下的校长负责制。校长是党委副书记、校长双重身份。

（2）任职先后原则。在高校内部会议中，往往出席会议的副校级领导比较多，按照惯例学校开学会议等重要会议，一般学校校级领导都要出席会议，学校副校级领导都要参加会议，则按照副校级领导职务任职的先后顺序摆放座位牌。

（3）组织确定原则。高校校级领导干部在职务任职文件中，明确确定"排在某某领导之前"，在这种情况下，则按照官方任职文件规定的次序摆放该领导的座位牌。

（4）学校官网公开领导排序原则。高校应依据《高等学校信息公开办法》第七条第一款第一项规定，高等学校应当主动公开学校领导基本情况，依据《教育部关于公布〈高等学校信息公开事项清单〉的通知》（教办函〔2014〕23号）有关规定，高校要在学校门户网站公开"校级领导班子简介及分工"。学校依据上述规定，高校秘书按照学校官方网站上公开的校级领导排序，摆放主席台领导座位牌次序。

第二种情形，既有外来领导和客人参加，又有学校领导参加，则座位牌摆放要遵循以下几个原则：

（1）先上后校原则。参加高校会议到场有上级领导，也有本学校领导。如果职务级别相同，秉着"先上后校"的原则，上级领导座位牌摆放在主席台正中心位置，以示尊重。如：重庆市教委主任属于正厅级领导干部，重庆市教委直属本科高校校长亦是正厅级领导干部，虽然职务级别相同，重庆市教委主任到重庆市高校参加会议应坐在主席台正中心位置，以表示重庆市教委主任的领导地位和指导作用。

（2）女士优先原则。为了尊重女性，国际上一般公认的礼仪是女性优先。参加高校会议的外来领导有男性领导又有女性领导，如果男性领导和女性领导职务级别相同，那么主席台座位牌摆放遵照女性领导优先原则摆放。

三、会议主持人

（一）会议主持人定义

会议主持人是指按照会议议程规定的程序和会议内容，把握会议节奏，控制会议进程的组织者。高校不同类型的会议支持人不同，如：学校书记办公会议，主持人为学校党委书记；学校校长办公会议，主持人为学校校长；高校新学期开学会议，会议主持人一般是校长。

（二）高校秘书应协助工作

高校秘书应做好以下几项工作：

（1）通知主持人参加会议，并明确告知主持人身份。

（2）向主持人发放《会议议程》及会议资料等工作。

四、会议通知

会议通知是筹备会议的基础性工作。通知的内容必须完整、文字简洁,不能出现歧义。会议通知应注意以下几点:

(一)发布《会议通知》

学校重要会议应在学校官方网站发布《会议通知》,《会议通知》内容应包括:会议时间、会议地点、主持人、会议参加人员、会议主要事项、有关要求等内容。

(二)通知参加会议人员

学校周工作安排,往往是提前已经安排,学校领导工作任务繁重,有时难免会忘记要参加的会议,高校秘书应提前通知并及时提醒领导参加会议。

(三)提醒会议注意事项

高校许多重要会议常常有许多注意事项。如:提前15分钟到会场,着正装,佩戴校徽、党徽,携带某某资料等。会议注意事项特别重要,但常常容易被人忽视或忘记,高校秘书应及时提醒参加会议人员应知悉会议注意事项。

五、会议签到及资料发放

会议签到是会务工作重要环节,是参加会议者到会的重要凭证。高校秘书应做好以下工作:

(1)制作《会议签到表》,内容包括:姓名、性别、工作单位、职务、职称、联系电话等项目。

(2)组织参加会议者签到,并提醒注意事项。

(3)向参加会议人员发放资料。

六、会议服务

服务是高校会务工作永恒的"主题词",彰显高校服务更在情理之中。

(一)提醒服务

(1)用餐提醒。在会议签到时提醒参加会议者用餐的时间和地点。

(2)交通提醒。提醒参加会议者乘坐会务车辆的地点和车辆。

(3)疫情提醒。在疫情常态化防控情形下,提醒"戴口罩,勤洗手"等,满足疫情防控要求。

(二)茶水服务

高校秘书应做好茶水服务工作,茶水杯应消毒并清洗干净,防止传染病发生。茶叶数量合适,不多不少;水温适宜,恰到好处。夏季开会可以准备矿泉水,解热止渴。

(三)拍照服务

重要会议高校秘书还须对会议现场进行拍照,以备新闻报道所需。拍照注意以下几点:突出领导,特别是突出主要领导,对每一位领导都要拍照;突出上级领导;突出整体性,整个会场场景要体现;突出参加会议人员;突出个性特写照片,呈现会议精彩瞬间等。

(四)留影服务

高校特别重要会议还需留影纪念,高校秘书须做好以下工作:

(1)在《会议议程》中明确参加会议人员"留影的时间、地点"。

(2)提前查看留影的地点和场所,摆放数量足够的椅子,做好环境卫生工作。

（3）提前联系摄影人员，提前到达摄影场地，准备好摄像设备工具。

（4）引导参加会议人员到摄影场地留影。

七、会议记录

（一）会议记录定义

高校会议记录工作是秘书重要的日常工作，把会议的主持情况和会议内容"原汁原味"如实记录，特别是领导讲话的内容和会议决定应原始真实地记录。

（二）高校秘书会议记录工作应注意以下几点：

（1）做好充分准备。在会议召开前，准备好专用记录本、笔（一般使用签字笔），特别重要会议还需准备录音笔。

（2）做好记录工作。一是记录全面。包括记录事项全面和会议内容全面两部分。记录事项全面，包括会议时间、会议地点、会议主持人、参加会议人员、缺席人（缺席事由）、会议列席人员、记录人、会议内容；会议内容全面，不漏记，不少记，特别重要的会议秘书使用录音笔记录，确保内容无一遗漏。二是记录详细。会议时间准确：何年何月何日，精确到几时几分；会议地点具体，记载到楼层、区域、房间号。三是记录真实。真实性是会议记录的灵魂和价值所在，必要时，会议记录可以作为证据使用，真实性是证据三性（合法性、真实性、关联性）要求之一。

八、合法合规办会，遵守会议禁令或禁止行为

（一）遵守中央禁令

要厉行勤俭节约，严格遵守廉洁从政有关规定，严格执行住房、车辆配备等有关工作和生活待遇的规定。

（二）遵守教育部党组禁令

依据《中共教育部党组关于印发<高等学校深化落实中央八项规定精神的若干规定>的通知》（教党〔2016〕39号）第六条规定，严格执行会议管理等有关规定。不得组织高消费娱乐活动；不得发放会议纪念品等等。

第十章　高校秘书印章管理工作

第一节　高校印章管理原则

一、印章的含义

印章，也称公章，不仅是代表单位权威和信誉的符号，而且也是对内对外行使权力、履行职责的象征。

高校印章是代表高校权力的标志，是学校各项管理活动中行使职权的重要凭证和工具，高校应依据《国务院关于国家行政机关和企业事业单位社会团体印章管理的规定》（国发〔1999〕25号，以下简称《〔1999〕25号》）有关规定，结合高校工作实际，建立健全高校印章制发、印章使用、用印审批、印章保管和印章回收等规章制度，加强高校印章的管理和使用。

二、高校印章管理原则

（一）专人管理原则

专人管理，落实和分清责任。高校印章数量众多，类别复杂。从类别上分为党组织印章和行政印章两种大类。党的组织印章包括三个小类：学校党委印章（学校层面）、党总支印章（学校二级单位层面）和党支部印章（基层党组织）；学校行政印章包括两个小类：学校行政印章和学校二级单位印章。此外，高校还有专用章，主要包括：合同专用章、财务专用章、学籍专用章和档案专用章等。每一枚印章都必须指定专人负责管理，学校印章一般由学校办公室秘书管理，学校二级单位部门印章一般由二级单位部门秘书管理。高校秘书可以分为党务秘书和行政秘书，党务秘书管理党组织印章，行政秘书管理行政印章。此外，学校专用印章一般由管理部门人员管理，如：学校财务专用印章一般由财务室工作人员管理，学校档案专用章一般由学校档案馆（或综合档案室）档案管理工作人员管理。学校学籍专用章一般由学校教务处学籍管理工作人员管理。

高校印章是高校行使权力的法定标志，印章管理尤为重要。

（二）领导审批原则

高校印章用印（俗称：盖章）必须领导审批，依据《〔1999〕25号》第二十五条和高校印章管理规章制度等规定，加强用印管理，严格审批手续。未经本单位领导批准，不得擅自使用单位印章。高校不同类别印章用印须经不同领导批准。党务系列材料用印，高校党委印章用印须经高校党委书记批准；高校二级单位党总支印章用印须经二级单位党总支书记批准，基层党支部印章用印须经党支部书记批准。行政系列材料用印须经行政负责人批准，如：《高校章程》《高校招生简章》、高校合同等材料用印须经高校校长批准。未经高校领导签字批准不得用印。

（三）程序原则

高校材料用印一般须填写《用印申请单》，申请单包括申请部门、申请时间、材料名称（数量）、使用印章类别、本部门审核意见（负责人签字）、职能部门审核意见（负责人签字）、分管（主管）校领导意见等内容，实行严格的审批程序，层层把关，人人负责，按照学校有关规定，走完全部程序，方能用印。

（四）真实原则

真实原则是指用印的材料真实、《用印申请单》领导审批真实，避免印章管理风险和给学校造成损失。证明材料内容真实，避免虚假证明风险；领导审批真实，避免伪造、变造等虚假领导签字现象发生。

第二节 高校印章管理实务工作

一、坚持实事求是原则，切忌开具虚假证明材料

开具证明材料是印章管理用印常规工作。根据我国法律法规等规定，高校教职工有许多需要高校开具证明材料的情形。如：《工资收入证明》《学历证明》《学籍证明》《在校就读证明》等。切忌开具虚假证明材料，避免潜在风险。高校办公室管理人员要充分认识到印章管理中潜存的风险性，要从风险控制功能、内部控制机制等全盘考虑。

二、坚持领导批准原则，切忌未经领导批准而"任性用印"

高校印章管理工作人员必须遵守学校印章管理规章制度，坚持领导审批制度，始终坚持做到"人熟审批不能省"，印章管理工作人员亦不能利用管理印章工作之便谋取不正当利益而"任性用印"，否则给学校造成损失的除依法承担法律责任外，还须受到行政处分。依据《事业单位人事管理条例》第二十八条第一款第三项（利用工作之便谋取不正当利益的）、第二十九条有关规定，根据情节、危害后果、影响大小等给予警告或记过或降低岗位等级等处分。

三、精准正确用印，切忌用错印章

高校印章种类繁多，所需用印材料包罗万象。精准用印是指用对印章，避免用错印章。

（1）高校党务工作材料使用党务印章。高校党务材料包括：学校党委工作计划、工作总结、学校党风廉政建设包干责任报告、学校党委工作报告、二级单位党总支工作计划、党总支工作总结、

领导干部提拔考察材料、师生入党政审材料、优秀共产党员先进事迹材料等。

（2）高校行政材料使用行政印章。高校行政材料包括：合同（或协议）、学校工作计划、学校工作总结、学校工作报告、学校招生简章、学校章程、学校工作请示等。

（3）学校党政合一材料，使用党务印章和行政印章。学校党政合一材料是指以学校党政联合名义共同制作的材料。学校党政合一材料包括：学校党政工作计划、学校党政工作总结等材料。

（4）专用材料使用专用印章。合同材料可以使用学校行政印章或学校合同专用章；档案复印材料一般使用档案专用印章；学校财务材料一般使用学校财务专用印章，亦可以加盖学校行政印章。

四、坚持原则，切忌"空白"材料用印

所谓"空白"材料是指依据法律法规等有关规定，应填写相关信息而未填写。如：学校开具现金支票，本应填写现金数额、领导签字、票据持有人等相关信息但未填写；学校《授权委托书》本应填写"授权事项、授权时间、授权人"等信息但未填写。"空白"材料用印存在潜在风险，依据《最高人民法院关于在审理经济纠纷案件中涉及经济犯罪嫌疑若干问题的规定（2020 修正）》（法释〔2020〕17号）第四条规定，学校依法承担赔偿法律责任。

五、学校领导签字正确，切忌无权无效签字

代表学校法人单位的《招生简章》《办学合同》等材料，须经法定代表人签字或经学校及法定代表人授权的代表人签字依法方能生效。高校的法定代表人是行政主要负责人（即校长）而非高校党委书记，如果没有校长而只有副校长，则由主持工作的副校长签字，如果高校是党委书记和校长"一肩挑"（即书记和校长为同一个人），还是由校长签字。依据《高等教育法》第三十条规

定，高等学校自批准设立之日起取得法人资格。高等学校的校长为高等学校的法定代表人。高校秘书要特别注意需要用印（盖章）的材料，学校党委、党委部门（组织部、宣传部、统战部、纪委）等党务材料须由书记签字，学校党务材料制作的单位是党组织，党组织最突出的特征是材料落款署名有"中共"二字；学校行政材料须由学校行政负责人签字，最突出的特征是材料落款署名是"单位名称"。

第十一章　高校秘书公务接待工作

第一节　高校接待工作原则

一、接待工作的概念

接待工作是高校办公室工作的主要内容之一，也是高校提升自身影响、树立良好形象的关键工作。高校接待工作是指在公务活动中对上级主管部门、指导部门、监察部门等来访者对高校进行检查、指导、巡视和督查等所进行的迎送、提供会务、住宿、用餐、交通等方面的辅助管理活动。

二、高校接待工作原则

（一）需有公函，接待有依据

依据《党政机关国内公务接待管理规定》第七条规定，无公函的公务活动和来访人员一律不予接待。

（二）对等原则，接待讲平等

对等原则是指接待方与被接待方之间的职务、职级、职称等方面相对平等。实行对等接待原则的必要性：一是尊重敬重。表示对来访者的尊敬、重视。二是便于交流。在对等环境条件下，更有利于交心、交谈和交友。三是国际惯例。对等原则适用于国与国来访互访交往外交活动。如：国家元首出访某国，某国国家元首须亲自出面接待；国家政府首脑出访外国，外国政府首脑迎接。四是对等原则是相对的。目前，我国高校党委书记和校长的行政级别最高的是副部级，其他本科高校党委书记和校长的行政级别是正厅级，专科高校党委书记和校长是副厅级。当正部级及以上领导到高校视察工作时，应由高校党委书记和校长接待。

(三）归口原则，接待讲同行

我国现行党政管理机构按照职责和分工实行归口设置和归口管理，高校亦参照党委和人民政府组成部门设置高校内设党政管理机构。目前，我国高校党政管理机构设置有两种基本模式。一是党政分开设置模式。比如：××××学院，该校官方网站查询显示，党的工作机构有党委组织部（党校）、党委宣传部、党委统战部、纪检监察室等机构，行政工作机构有招生就业处、审计处、国际合作与交流处、计划财务处等管理机构。二是党政合并设置模式，比如：××大学，该校官方网站查询显示党政合并工作机构有党委学生工作（部处）、党委保卫部（处）等工作机构。高校党政管理机构各司其职承担相应管理职责。高校接待亦应实行归口接待，如：地方党委宣传部到高校考察交流，高校宣传部门负责接待；省教育厅人事处到高校指导人事工作，高校人事处负责接待。

（四）节约原则，接待讲节俭

节约，就是节省、俭约的意思。高校接待遵照执行节约原则是高校弘扬中华民族传统美德，践行社会主义核心价值观的具体体现。高校接待工作须遵守和执行《中华人民共和国反食品浪费法》《党政机关国内公务接待管理规定》《党政机关厉行节约反对浪费条例》等相关法律法规。

（五）标准原则，接待有标尺

公务接待标准原则是指在用车、住宿和用餐方面必须严格执行《党政机关国内公务接待管理规定》等国家和地方有关规定，反对超标准用车、住宿和用餐，树立优良形象。住宿用房有标准。依据《党政机关国内公务接待管理规定》第九条规定，接待住宿应当严格执行差旅、会议管理的有关规定，省、自治区和直辖市党政依据《党政机关国内公务接待管理规定》规定，制定了地方党政机关国内公务接待管理办法。如《北京市党政机关国内公务接待管理办法》第九条规定，接待住宿、用餐应当严格执行差旅、会议管理的有关规定。使用本市财政性资金召开的会议，与会人员住宿费按本市会议费管理有关规定执行。住宿用房以标准间为主，接待省部级干部可以安排普通套间，厅局级及以下干部安排单间或标准间。接待单位不得超标准安排接待住房，不得额外配发洗漱用品。如《重庆市党政机关国内公务接待管理办法》，该办法第十条规定，接待住宿用房以标准间为主，接待省部级干部可安排普通套间，厅局级干部可安排单间，其余人员安排标准间。用餐有标准。依据《党政机关国内公务接待管理规定》第十条规定，接待对象应当按照规定标准自行用餐。确因工作需要，接待单位可以安排工作餐一次，并严格控制陪餐人数。工作餐应当供应家常菜。重庆市高校依据《党政机关厉行节约反对浪费条例》等规定，如重庆××大学具体的用餐标准和用餐要求是：用餐标准：同一批客人原则上只安排一次宴请，用餐标准应控制在80～100元／人／餐以内。特殊情况，同一批客人安排第二次宴请，用餐标准应控制在60～80元／人／餐以内，原则上不得安排人员陪同。接待用餐不得提供酒水、香烟；协助来访单位安排用餐的，由来访单位自行付费。

（六）禁令原则，接待有禁止

依据《党政机关国内公务接待管理规定》第五条、第六条、第十二条、第十六条等有关规定，公务活动和公务接待，禁止重复性考察，禁止以各种名义和方式变相旅游，不得安排专场文艺演等。

第二节 高校公务接待实务工作

一、精细策划，接待有准备

（1）精心选择接待工作人员。根据来访客人的职务、职权、级别、职称、客人人数等因素，在学校范围内遴选接待工作人员，组成形象气质佳、头脑灵活、动作优雅的接待团队。

（2）精准布置接待场所。接待场所是主客双方进行工作交流、工作汇报、业务商谈等场所，做到窗明几净，安静舒适；茶水准备充足，摆放有序；所需资料准备准确正确，装订美观精致。

（3）准备合适公务车辆，供公务接待使用。

（4）准备合适用餐场所，为客人提供温馨用餐环境。

二、热情好客，接待有热度

中国现代著名诗人、文学家、剧作家郭沫若的《乒乓球开友谊花》诗："外来的友人，我们自然要热情地招待，希望你们如在自己的家中，精神愉快"。《论语·学而》："有朋自远方来，不亦乐乎？"应将来访的客人当成最好的朋友热情盛情接待。

三、微笑服务，接待有温度

常言道微笑是最好的名片。微笑是通向成功的通行证。微笑一下并不费力，却产生无穷魅力。关于微笑的名言彰显了微笑的无穷魅力和价值。

四、善语良言，接待有情感

语言规范、体贴、谦和。高校接待工作语言交流和沟通是重要环节。高校接待工作要使用礼貌语言。称呼应文雅、得体，使闻者心悦。使用职务语言，表示尊敬、敬重。如：李主任、孙书记、王校长、方厅长、黄司长、杜市长、邹部长等。使用称号语言，表示对高级知识分子的礼遇。如：专家、院士、硕士生导师、博士生导师等。

五、安全有保障，接待有安全感

安全无小事，安全重于泰山，安全是人生最基本需求。高校接待工作必须特别要重视并做好安全工作，确保人身安全和财产安全。高校接待安全工作应做好以下工作。

（1）环境安全。接待地点、场所、途经路线等环境无易燃易爆等潜在安全隐患和安全风险。

（2）用车安全。公务车辆确保安全，提前检查、检修和保养，杜绝使用有安全隐患的车辆；严禁无证驾驶，严禁超载，严禁酒驾毒驾等违法违规行为。

（3）用餐安全，确保食品饮食绝对安全，防止使用假冒伪劣食品，防止食物中毒等事故发生。

（4）财产安全。对于来访客人的贵重物品等财产，在征求客人同意情况下，指派专人负责保管和看护；校庆、重要会议等大型活动，来访客人众多，客人的贵重物品可以寄存的方式保管，由专人统一守护，确保万无一失。

六、礼仪待人，接待有礼貌

我国是礼仪之邦，自古以来，有礼行天下。特别讲究以礼待人，以礼待客，以礼服人。英国19世纪著名史学家、散文家托马斯·卡莱尔名言"礼貌比法令更强有力"。孔子曰"礼之于人，犹酒之有糵也"。

高校在公务接待中，须做好以下礼仪工作：

(一)服饰礼仪

接待工作人员穿着得体大方。接待领导、知名专家、著名学者、尊贵友人等客人,男性工作人员服饰要求"西装革履",展现优良形象,女性工作人员服饰要求"着正装",突出职业女性特征,展现端庄形象。保持干净整洁,熨烫平整,穿着合体,纽扣齐全,接待工作人员不穿奇装异服,不穿演出服装,不穿"便装"。

(二)容貌礼仪

美观大方自信高雅。男性接待工作人员容貌整洁,给人舒适感,不留胡须,不留长发,干净洁净;女性接待工作人员化淡妆,得体美貌,给人美感。

(三)见面礼仪

握手是公务接待常见见面礼仪。握手时目光交融暖流在心。讲究次序,出手有序。握手先后有序,领导、女士、长辈、主人主动伸出手,下属、男士、晚辈、客人再相迎握手,客人告辞时,以客人先伸手为礼。领导和女士先主动伸出手,体现领导和女士优先原则。握手讲究方式方法,自信有力。

(四)讲话礼仪

鞠躬行礼要得体。在校庆、建党100周年等非常重要的庆典活动中,讲话一般要鞠躬行礼,表示对参加活动的领导、嘉宾等的敬意和谢意。讲话内容有礼仪。如清华大学官网110周年校庆献辞:自强成就卓越,创新塑造未来。清和四月,树木华滋。

(五)送客礼仪

迎来送往是人之常情和中华民族传统美德。高校接待工作送客时应注意以下几点:真情挽留,欢迎再来。安排交通。如果客人没有自带车辆,须提前为客人购买机票、车票等,客人走时还要安排公务车辆和工作人员把客人送机场、车站。回赠礼品。如果客人来访时带有礼品，根据礼尚往来礼仪，那么在送别时也要准备具有本地特色的且有象征意义的价廉物美的礼品。

七、禁忌，接待有忌讳

高校工作人员接待客人有忌讳，应注意以下几点：

（1）尊重客人隐私。高校在公务接待工作中，要特别注意要尊重客人隐私，不要涉及学历、年龄、住址、婚姻、工作经历、健康信息、生物识别信息等个人隐私问题。

（2）尊重客人饮食禁忌。高校在公务接待中，要特别注意和尊重民族饮食禁忌。

第十二章 高校秘书档案管理工作

第一节 高校秘书档案工作概述

一、档案和高校秘书档案的概念

目前学术界关于档案的定义还不统一。一般档案是指人们在各项社会活动中直接形成的各种形式的具有保存价值的原始记录。原始记录性是它的本质属性。

高校秘书档案是指高校秘书在履行工作职责和工作过程中形成的具有保存价值的各种公文文书、事务文书、合同、宣传报道、规章制度等不同形式、载体的历史记录。

二、高校秘书档案管理工作实务

（一）按照规定，做好材料归档工作

依据《中华人民共和国档案法》（以下简称《档案法》）第十三条、《高等学校档案管理办法》第十五条规定，结合高校秘书工作实际，材料的归档范围包括：

（1）公文类文件材料。包括：通知、请示、报告、决定、通告、意见、通报、函、纪要等。

（2）事务类文件材料。包括：工作计划、工作总结、工作方案、简报、招生简章、大事记等。

（3）合同类材料。包括：在编在岗教职工或超龄教职工与学校签到的《聘用协议》、学校与教职工签订的《劳动合同》、招投标合同、买卖合同、联合办学合同、培训协议、科技成果转让合同、借款合同、车辆租赁合同、建筑施工合同、物业服务合同等。

（4）资质证书类材料。包括：学校办学许可证书、学校收费许可证书、学校获奖证书、师生竞赛获奖证书等。

（5）专项类材料。包括：宣传报道材料、公务用车材料、公务接待材料、禁止性骚扰系列材料、文体活动系列材料等。

（6）其他材料。包括：信访材料、回复投诉材料等。

（二）按照规定，做好档案资料移交工作

（1）填写《存档材料目录清单》。高校秘书按照学校有关规定，填写《存档材料目录清单》，包括：档号、材料名称（题名）、归档单位、归档日期、页数、保管期限、份数等。

（2）做好档案资料移交工作。高校秘书把归档的材料移交给学校档案馆或综合档案室。

（三）按照规定，做好成人高等教育学生和自学考试学生档案保管发放工作

我国高校一般来讲，是普通高等教育和继续教育并举并存办学，除成人高等教育外，一般高校普通高等教育是主体，继续教育是办学的辅助形式，学校成立专门的管理继续教育的专门机构，但不同的高校名称不同。从高校官网站查询显示：×××学院成立继续教育学院，××大学成立继续教育部，××大学成立终身教育处，××大学成立继续教育学院等。

高校成人高等教育学生和自学考试学生毕业档案保管发放工作由高校从事继续教育工作的单位的办公室秘书负责。做好学生档案保管和发放工作应注意以下几点：

（1）交接清楚准确。办公室秘书从学历教育办公室工作人员处接受的学生档案双方当事人应亲自清理清点准确，分类分别填写《成人高等教育学生档案交接清单》《高等教育自学考试学生档案交接清单》，反复核实核对后，交接人和接受人双方签字确认认可。

（2）保管安全可靠。档案保管尤为重要，安全保管更为重要。最好用保险柜保管档案，条件不具备时亦应用具备防盗、防火功

能的铁皮柜等保管。

（3）发放登记正确。学生领取档案时核实学生信息要准确，防止冒领现象发生，登记要正确，登记信息包括：学生信息（身份证为准），性别，身份证号码，档案编号，领取人签字/日期，领取人联系电话等信息。

第二节　高校档案依法利用

一、档案的利用概念

档案提供利用工作是档案工作的总目的，反映了档案基础工作开展的好坏，成为衡量档案馆业务开展的尺度。依据《档案法实施办法》第二十一条规定，《档案法》所称档案的利用，是指对档案的阅览、复制和摘录。新《档案法》为禁止性骚扰档案利用提供了法律依据。

二、档案依法利用法律依据

《档案法》第一章总则第五条规定："一切国家机关、政党、事业单位和公民，享有依法利用档案的权利"。

三、高校依法利用档案实务工作

为便于阐述高校档案依法利用，本研究以如何依法利用性骚扰档案为例来研究档案的合法利用问题。

（一）受害人依法利用档案，体现维权及证据功能

当事人依法利用档案材料，为维权提供证据。一是遭受性骚扰的受害人复制和摘录档案材料。新《档案法》第五条在现行《档案法》第三条对于各组织和个人保护档案义务规定的基础上增加了"享有依法利用档案的权利"的表述，体现了我国法治和档案

事业的进步。依据《民事诉讼法》第六十四条规定，当事人对自己提出的主张，有责任提供证据。遭受性骚扰的当事人可以自行复制和摘录档案材料，但涉及他人隐私除外。二是受害人委托律师调查收集档案材料。当事人依照《民事诉讼法》第四十九条规定，委托律师调查收集性骚扰档案材料。

（二）高校依法利用档案，维护学校合法权益

对于性骚扰，受害人不仅能够根据《民法典》第一千零一十条第一款规定追究行为人的民事责任，还可以依据《民法典》第一千零一十条第二款规定判断高校是否存在违反防范性骚扰的义务。高校因过失违反法定的性骚扰防治义务就会构成不作为侵权。受害人提起民事诉讼状告学校承担民事责任时，学校依照《民事诉讼法》第六十四条规定，可以复制和摘录禁止性骚扰档案，向法院举证确实充分的证据，以证明学校无过错，免除学校承担民事法律责任。

（三）高校依法利用，依法处分性骚扰者，体现处分功能

依据《高等教育法》第十条规定，在高等学校中从事科学研究、文学艺术创作和其他文化活动，应当遵守法律。高校在履行《民法典》禁止性骚扰的法定义务和执行与《民法典》相适应的规章制度时，依照法律、法规查处"性骚扰"案件，对实施性骚扰者进行行政处分、政务处分和纪律处分，体现其处分功能。

（四）法定组织和机关依法利用，体现惩戒功能

（1）纪委依照党内法规利用档案，查处性骚扰者。依据《中国共产党纪律处分条例》第七条规定，党组织和党员违反国家法律法规，违反党和国家政策的行为，都必须追究责任。纪委在查处党员实施性骚扰案件时，依法依规利用档案，对性骚扰者进行纪律处分。

(2)监察机关依照《监察法》规定利用,查处公职人员。监察机关依法对高校公职人员性骚扰行为进行调查和政务处分。依照《监察法》第十八条规定,监察机关行使监督、调查职权,收集、调取证据,复制和摘录性骚扰档案。

第三节 适应民法典时代高校应依法建立健全特殊专项档案

一、建立健全防治性骚扰档案管理制度

(一)必要性

增设防治性骚扰档案,丰富了高校档案管理内容。建立健全防治性骚扰档案,填补了档案管理在民法领域中的空白,开启了高校档案管理工作民法典时代。

依照"法典"治校的需要。依法治校当然包括依据《民法典》治校,《民法典》第一千零一十条为高校设定了防范性骚扰的法律义务,高校应依法履责。民法典是中国人的"权利宝典",是师生的"护身符"。当师生遭受性骚扰时,依法利用学校防治性骚扰档案材料,为维护当事人人格权提供证据证明作用。

(二)法律依据

(1)把准"性骚扰"概念,科学界定性骚扰行为。《民法典》第一千零一十条明确了"性骚扰"概念。所谓性骚扰,是指以身体、语言、动作、文字或图像等方式,违背他人意愿而对其实施的有辱其尊严的、以性为取向的行为。

《民法典》对性骚扰行为进行了界定。由此,各种具体形式的性骚扰行为,无论是公共场所性骚扰行为、校园性骚扰行为、工作场所性骚扰行为还是其他形式的性骚扰行为,都是表现形式,

都会受到《民法典》的规范。

（2）《民法典》第一千零一十条规定，是高校建立健全防治性骚扰档案的法律依据。《民法典》第一次明确机关、高校、学校等单位责任。作为"社会生活的百科全书"，《民法典》对性骚扰问题进行了积极回应，《民法典》第一千零一十条条第二款则涉及性骚扰发生地"场所主"的防治义务，规定"机关、企业、学校等单位应当采取合理的预防、受理投诉、调查处置等措施，防止和制止利用职权、从属关系等实施性骚扰"。

（三）档案类型

1．规章制度档案

高校应建立健全预防和禁止性骚扰规范师生行为、投诉和受理、调查和处理、惩戒和申诉等系列规章制度，为性骚扰套上"紧箍咒"，将规章制度归档并纳入档案管理。

2．性骚扰事实证据档案

高校建立健全性骚扰事实证据档案，形成惩治性骚扰者证据链。遭受性骚扰的被害人可依法提起民事诉讼。依据《民事诉讼法》第七条规定，人民法院审理民事案件，必须以事实为根据，以法律为准绳。"事实"是指有证据证明的"事实"。依据《民诉法》第六十四条规定，被害人对自己提出的诉讼请求，有责任提供证据。依据《民事诉讼法》第六十三条规定，性骚扰事实证据的种类包括当事人的陈述、书证、物证、视听资料、电子数据、证人证言等。

3．处分档案

高校对实施性骚扰者依法依规处分，处分材料应及时归档，并纳入档案管理范畴。

一是行政处分。非党员教职工实施性骚扰的，依据《事业单位工作人员处分暂行规定》有关规定，对性骚扰者进行行政处分。处分的种类包括：警告、记过、降低岗位等级或者撤职、开除。

二是纪律处分。党员实施性骚扰的，依据《中国共产党纪律处分条例》有关规定，对性骚扰者进行纪律处分，处分种类包括：警告、严重警告、撤销党内职务、留党察看、开除党籍。学生实施性骚扰的，依据《普通高等学校学生管理规定》第五十一条规定，对性骚扰者进行纪律处分。处分种类包括：警告、严重警告、记过、留校察看、开除学籍。

三是政务处分。高校从事管理的人员实施性骚扰的，依据《公职人员政务处分法》有关规定，对性骚扰者进行政务处分。处分种类包括：警告、记过、记大过、降级、撤职、开除。

（四）归档范围

依据新《档案法》第十三条第一款第二项规定，高校防治性骚扰材料属于维护事业单位权益和职工权益的材料，应当纳入归档范围。防治性骚扰档案归档范围包括：

（1）规章制度类材料。包括：规范师生行为、惩戒、经济处罚、投诉和受理、调查和处理等制度。

（2）措施类材料。包括：性骚扰防治和处理专门机构的职责、人员配置、调查处理程序等；天网监控系统归档材料包括摄像头校园分布图、监控记录等。

（3）性骚扰事实证据类材料。包括：当事人陈述、书证、物证、视听资料、证人证言等。

（4）处分类材料。包括：行政处分、纪律处分和政务处分。

二、建立健全文体活动专项档案制度

建立健全高校文体活动专项档案，防范和有效化解高校承担法律责任风险。将"自甘风险"条文纳入《民法典》中，有利于减少纠纷，避免侵权责任的滥用，同时有利于促进文体交流活动的开展。高校军训、体育课、运动会、大型活动等文体活动是风险性活动，人身损害不可避免。在中国裁判文书网输入"学生伤害"搜索统计，截止到 2021 年 7 月 15 日，涉及学校学生人身损害赔偿案件各级人民法院裁判文书共计 694 篇。

文体活动是最容易造成人体伤害的，尽管高校重视安全保障的审慎注意义务，亦做好了风险提示和说明，采取了防护措施，但人身伤害仍不可完全避免，容易引起侵权责任法律纠纷，建立高校文体活动专项档案尤为必要。

（一）高校建立文体活动专项档案必要性

（1）从档案管理角度，创新了档案分类管理，高校档案分类按照工作性质分为：教学档案、教育档案、科研档案和后勤档案，现在增加文体活动档案，丰富了高校档案内容。

（2）从证据学角度，文体活动各环节和整个过程全部材料建立档案，为人身损害赔偿侵权纠纷，保全了确实、充分的证据。

（3）从《民事诉讼法》角度，依据《民事诉讼法（2017 修正）》第六十四条规定，当事人对自己提出的主张，有责任提供证据。建立文体活动专项档案有利于高校提供有效的证据，证明学校无过错无责任或责任轻微，免除或减轻学校承担法律责任后果。

（二）高校建立文体活动专项档案工作要求：

（1）全面、完整。依据《民事诉讼法》第六十三条规定，包括：当事人的陈述（如：受害人陈述材料），书证材料（如：文体活动方案、通知等），物证材料（如：活动设备设施、用具等），视听资料（如：照片和监控视频），证人证言材料，鉴定意见等。

（2）原件原物。依据《民事诉讼法》第七十条规定，书证应当提交原件。物证应当提交原物。

（3）快速及时。监控视频一般只能保存1个月左右，超出时间会被新的监控视频覆盖，就已灭失。故此，监控视频应在出现人身伤害时立即采取拷盘等方法，保留原始证据。

（4）必要时公证。当发生重大人身伤亡时，高校出具委托书，聘请公证机构按照法定程序，取得监控视频、证人证言等公证证据，依据《民事诉讼法》第六十九条规定，经过法定程序公证证明的法律事实和文书，人民法院应当作为认定事实的根据。

第十三章 高校秘书师生证书管理工作

第一节 高校师生证书概述

证书是对符合条件和要求的依照规定的程序办理的颁发给高校、高校各单位或教职工个人的证件。高校办公室秘书（含高校内设二级部门办公室秘书）还承担师生证书接受、保管、发放、登记等工作。证书包括教职工证书和学生证书两大类。教职工证书主要包括获奖证书、职称证书和荣誉证书。学生证书主要包括获奖证书、荣誉证书、毕业证书和学位证书。

第二节 高校秘书师生证书管理实务工作

一、做好证书办理工作

证书办理工作是指高校办公室（含高校内设二级部门办公室秘书）秘书为教职工办理获奖证书、职称证书和荣誉证书。高校秘书证书办理主要工作职责：发放证书办理相关文件；填写、汇总和向有关部门报送相关表格和资料等工作。

二、做好证书交接、保管和发放工作

当有关部门把证书办理好后，高校办公室秘书应做好证书交接工作，填写和保存《证书交接清单》（式样见表13-1）。

表13-1 证书交接清单

证书交接清单							
序号	证书名称	证书人姓名	发证机关	证书编号	交出人签字日期	接收人签字日期	备注

高校办公室秘书在接受证书后应存放在专用柜子或保险柜并做好证书安全防范工作，防止证书丢失或被盗。高校办公室秘书还应及时通知相关师生领取证书，做好证书发放及登记工作，填写并保存《证书发放登记表》（式样见表13-2）。

表13-2 证书发放登记表

证书发放登记表						
证书名称	证书人姓名	发证机关	证书编号	领取人签字日期	领取人身份证号码	备注

第三节 证书管理风险及对策

一、被盗或丢失风险及对策

证书被盗或丢失风险。保管措施不当，如将证书随意存放或保存证书的柜子未上锁或办公室未关门窗等，可能造成证书被盗或丢失风险。对策：

（1）提高证书管理重要性认识，证书被盗或丢失依照有关规定，是不能补办的，将给证书人造成重大损失。

（2）专人保管，落实责任，严肃责任追究。

（3）采取将证书存放在保险柜等恰当措施，防止证书被盗或丢失。

二、错发风险及对策

将证书错发给他人，导致真正证书人将不能得到证书，而他人领取的他人证书又无效。证书错发究其原因有粗心大意、审查失误、同名同姓、审查不准等。对策：

（1）精准审查，"人脸相符"，防止冒领。要求领证人出示身份证，发证人要精准审查领证人本人相貌与所持身份证相貌相符（即人脸相符），防止假冒他人身份证冒领证书。

（2）精确核准，"人证相符"，防范错发证书。一丝不苟、小心翼翼，反复核实证书信息与领证人本人身份证信息完全相符（即人证相符），在发证实务工作中，同名同姓（但身份证号码不同）、姓名相似相近等情形容易导致错发证书。

三、领证人已领证未签字风险及对策

高校秘书发证工作领证人签字确认是必需环节，签字是证书人已领取证书的核心证据。因各种原因，证书人已领取了证书，但证书已毁损或丢失，在这种情况下，有些不诚信的人，往往借口还未领取证书要求学校发放证书，但证书已发放给本人，发证事实上已不可能，学校有可能面临不利影响。

对策：

（1）警示提醒。证书管理人在办公室显眼处张贴警示语："发证不签字，后患无穷"或"发证不签字，后果很严重"等标识语。

（2）先签字，后发证。高校秘书在发证中，要求领证人先在《证书发放登记表》上签字，经审查签字无误后才发证。

四、泄露师生证书个人信息风险及对策

高校秘书在证书管理中，会涉及师生证书关于"出生日期、身份证件号码、电话号码、健康信息、行踪信息"等方面个人信息，管理不当可能产生泄露师生个人信息风险。

对策：

（1）加强证书安全管理工作，证书保存在保险柜，防止他人窥视或窃取。

（2）证书管理人严守证书师生个人信息秘密，防止泄露教职工和学生个人信息。

（3）遵守法律，保护师生个人信息安全。《民法典》涉及公民个人信息保护共九条法律条文（第一百一十一条、第九百九十九条、第一千零三十条、第一千零三十四条至第一千零三十九条），特别强调自然人的个人信息受法律保护，不得非法买卖、提供或者公开他人个人信息。

第十四章　高校秘书保密工作

第一节　高校秘书保密工作概述

高校保密工作是国家保密工作的重要组成部分，与学校的所有工作有着密切的联系，服务于其他工作。保密工作是高校秘书工作职责和工作任务。高校秘书承担管理文件（特别是保密文件）、为领导服务及对外联系等特殊任务和重要职责，应知会知党的秘密、国家秘密、学校秘密以及师生个人信息和隐私。高校秘书应采取防护措施，保护秘密。古人云"祸从口出"，管住"嘴巴"，严防"嘴巴"泄密。抵住诱惑，严守死守秘密，避免给党的事业和国家造成损失，避免给学校产生不利后果，造成负面影响。

第二节　高校秘书保密工作实务

一、采取保密措施，保守文件秘密

高校秘书承担管理文件重任，上级文件、学校"红头文件"和保密文件涉及党的秘密、国家秘密和学校秘密的都需要采取保密措施。

（一）构建保密管理制度

高校应依据《中华人民共和国保守国家秘密法》（以下简称《保守国家秘密法》）第七条规定，建立健全文件制作、印发、接受、登记、使用和保管等保密管理制度，用制度的刚性约束强化保密工作。

（二）完善文件保密防护措施

高校秘书应把管理的学校"红头文件"保存在专用柜子里，

关门上锁。上级文件和保密文件保存在专用的保险柜里，设置安全密码。专用柜子和专用保险柜外面不能张贴任何提示性标识。

（三）加强文件保密宣传教育

学校采取业务学习、秘书保密专门培训等形式，强化保密法律法规和纪律的学习。

（四）加强文件保密检查

学校组织校纪委、校党政办公室、安全管理处、人事处等部门组成保密工作组，对学校及校内二级部门保密工作进行专项检查，主要检查文件保密制度是否健全，文件管理责任及人员是否落实到位，防护措施是否有力有效。

（五）文件使用保密

限定文件使用人范围，仅限于相关领导和文件承办人；文件借阅和复印实施严格的审批制；提醒文件使用人须保密，严防泄密。

二、增强保密意识，保守秘密

（一）保守党的秘密

保守党的秘密是入党誓词重要内容。高校秘书（秘书一般是中共党员）在管理党组织文件特别是保密文件中涉及党的秘密内容。保守党的秘密是高校秘书必学课和必修课，亦是高校秘书必须履行的义务。依据《中国共产党章程（2017年修改）》第三条第一款第四项规定"严格保守党和国家的秘密"是党员必须履行的义务。依《据中国共产党纪律处分条例（2018修订）》第一百二十八条规定，泄露党的秘密依法追究责任。

（二）保守国家秘密

国家秘密受法律保护，高校秘书在文件管理等履行职务中可能会涉及国家秘密，高校秘书有保守国家秘密的义务。国家秘密是指关系国家安全和利益，依照法定程序确定，在一定时间内只限一定范围的人员知悉的事项（《保守国家秘密法》第二条规定）。

（三）保守学校秘密

学校秘密是指在办学过程中不宜向社会公开的只允许学校一定范围内的人员知悉的事项。高校秘书在管理学校"红头文件"过程中，标注有"秘密"的"红头文件"或在"红头文件"末页处标注"此件不公开"，这些属于学校保密文件，高校秘书应按照保密文件进行管理和使用。其他学校"红头文件"应参照保密文件进行管理（学校要求向社会公开除外）。

（四）保守师生隐私秘密

高校秘书在履职工作中，会知悉领导和师生的电话、住址、家庭成员、活动轨迹等不愿意公开、不愿意让他人知晓的私密空间、私密活动、私密信息。高校秘书经常会遇到来电话质询领导的电话和家庭住址等问题，除工作需要外，这属于领导的隐私，应做好保密工作。

（五）保守师生个人信息秘密

信息化社会中的垃圾短信、人肉搜索、信息泄露、信息倒卖等问题，已经成为一种社会公害。《中华人民共和国民法典》将个人信息分为私密信息、公开信息以及一般个人信息。个人信息包括自然人的姓名、出生日期、身份证件号码、住址、健康信息等。《民法典》详细规定和完善了个人信息的保护规则。《民法典》第一百一十一条、第九百九十九条、第一千零三十条、第一千零三十四条至第一千零三十九条）规定，界定了个人信息的含义（第一千零三十四条）；明确了个人信息收集、处理的原则和条件（第一千零三十五条）；明确了免责情形（第一千零三十六条）；明确国家机关、机构及人员的保密义务（第一千零三十九条）。《民法典》特别强调自然人的个人信息受法律保护，不得非法买卖、提供或者公开他人个人信息。高校秘书在工作中，会涉及领导和师生关于"身份证件号码、电话号码、行踪信息"等方面个人信息，高校秘书应采取严格的保密措施，严防泄露领导和师生个人信息，强化对师生私密信息的保护力度，切实维护师生个人信息安全权。

第三节　高校秘书泄密风险及对策

一、泄密风险

（一）泄密违法，依法承担法律责任

泄密是违法行为，泄密既违反党内法规，又违反国家法律法规，依法应受到法律制裁。

（1）泄密违反党内法规，违反《中国共产党章程（2017年修改）》第三条第一款第四项规定"严格保守党和国家的秘密"，违反《中国共产党纪律处分条例（2018修订）》第一百十八条规定，依据《中国共产党纪律处分条例（2018修订）》第十七条、第二十条等规定，根据泄密情节、危害结果，给予警告或者严重警告或撤销党内职务或者留党察看或开除党籍处分。

（2）泄密违反国家法律法规，违反《保守国家秘密法》第三条规定，企业事业单位和公民都有保守国家秘密的义务。高校秘书发生重大泄密事件，依据《保守国家秘密法》第四十九条规定，学校依法对秘书（直接责任人员）给予处分。

（3）泄露师生隐私和个人信息，违反《民法典》第六章隐私权和个人信息保护（第一千零三十二条至第一千零三十九条）有关规定，依据《民法典》第一百七十九条规定，承担民事责任。承担民事责任的方式主要有：停止侵害，赔偿损失，消除影响，恢复名誉，赔礼道歉。

（二）泄密处分，依法依规处分

高校秘书泄露国家秘密损害国家安全和国家利益。国家秘密的密级分为绝密、机密、秘密三级（《保守国家秘密法》第十条规定）。依据《事业单位人事管理条例》第二十八条第一款第一项、第二十九条规定，事业单位工作人员损害国家声誉和利益的，给予处分，处分分为警告、记过、降低岗位等级或者撤职、开除。

二、对策

（一）遵守保密法律法规，依法履行法定义务

高校秘书必须依照《中华人民共和国宪法》第五十三条、《中国共产党章程（2017年修改）》第三条第一款第四项、《保守国家秘密法》第三条规定，必须遵守宪法、法律和党内法规，履行保守党和国家的秘密的法定义务。

（二）健全保密管理制度，严格落实责任，构建严密责任体系

高校依据《保守国家秘密法》第七条规定，建立健全"责任落实、措施有力"保密管理制度，构建"机构落实、人员落实、责任落实，层层落实"严密责任体系，抗实一把手责任制，夯实分管领导责任制，落实科室责任制，压实人头责任制，保证保密工作落地落实。

(三)采取安全保密措施,防范泄密风险

详见本章第二节"高校秘书保密工作实务"中"一、采取保密措施,保守文件秘密"。

(四)增强保密意识,保守秘密

详见本章第二节"高校秘书保密工作实务"中"二、增强保密意识,保守秘密"。

第十五章　高校秘书宣传工作

第一节　高校秘书宣传工作概述

高校宣传工作是党的宣传工作的重要组成部分，是高校精神文明建设的重要阵地。宣传工作是高校秘书最重要工作职责和工作任务。在市场经济时代，高校竞争日趋激烈，加强宣传工作是竞争的一种手段和方式。各高校都高度重视宣传工作，强化宣传工作展现魅力和价值意义：宣传《招生简章》和招生录取政策，有利于考生更加知悉和了解学校，有利于考生填报志愿和推动阳光招生；宣传学校就业成绩，有利于提升学校知名度；宣传教学改革成果，有利于打造教学名片，有利于提升人才培养质量；宣传领导和先进人物典型事迹，有利于树立典型、展现示范力量。学校发展需要典型示范，教育事业需要榜样引领。"以人为镜，可以明得失"。"示范的力量是无穷的"。散播一种示范，我们能够时时看到奋斗的目标和参照物，既照亮现实，也照亮未来；示范是一种向上的力量，彰显进步；示范是一面镜子，给人力量；示范是一面旗帜，鼓舞斗志。高校强化宣传工作有利于打造学校品牌，彰显学校办学成就和特色亮点，有利于提升学校竞争力，有利于提升学校影响力和美誉度。

第二节　高校秘书宣传工作实务

一、加强新闻宣传报道工作

新闻宣传是高校综合建设不可或缺的一部分，对于树立高校品牌、繁荣校园文化等都有重要的影响。各高校都特别重视新闻报道工作，一般都在学校官网设置专门栏目，如：××大学设置"新闻快递"栏目；××大学设置"××新闻""新闻聚焦"栏目；××××学院设置"校内新闻""热点聚焦"栏目。新闻报道是学校活生生的宣传片、宣知书。宣传学校最近发生的大事，宣传学校动态，宣传学校教学、科研和人才培养等方面的成绩成果成就等。如：××××学院学校官网新闻报道："2021校友会中国一流专业排名（应用型）第1位；我校新增4个国家级一流本科专业建设点，4个省级一流本科专业建设点。"

二、办好宣传展板

宣传展板是高校一张名片，内容丰富多彩，展现学校特色亮点。可以根据工作目的和工作需要设计和制作可圈可点的展板。招生展板，介绍专业特色、师资力量和就业前景等；就业展板展现学校就业率、就业待遇和优秀校友等；教学展板，介绍教改成果、人才培养等；校庆展板，全面全方位展映学校发展史、前进历程、辉煌成就、著名知名校友等。

三、加强宣传橱窗阵地建设

宣传橱窗是学校重要宣传阵地，学校和二级部门一般都有学校和部门的宣传橱窗。强化专题宣传效果，切实加强招生就业、教学教育、法治教育、安全稳定、师德师风、校风学风和思想品德等专题宣传活动。

四、加强外宣，持续提升学校影响力

充分利用电视台、报纸、网络等知名媒体，强化学校学科和专业建设、人才培养、科研成果转化、服务国家经济建设的宣传频次和力度。

第三节 高校秘书宣传工作风险及对策建议

一、高校宣传工作风险

宣传报道是高校秘书工作的重点和难点。新时代,高校竞争异常激烈,加强高校宣传工作、打造学校名片和提升学校竞争力已是学校工作重中之重。宣传报道工作又是风险工作,稍有不慎可能涉嫌侵犯公民的人格权。《民法典》第九百九十九条、第一千零二十五条规定,为公共利益实施新闻报道、舆论监督等行为,可以合理使用民事主体的姓名、名称、肖像、个人信息等;使用不合理侵害民事主体人格权的或影响他人名誉的,应当依法承担民事责任。但《民法典》对于何谓"公共利益"何谓"合理使用"没有明确的规定。

二、对策建议

建立健全宣传报道合法性评估制度,防止宣传报道违法侵权。宣传报道合法性评估的标准和内容包括以下几点。

(1)公开标准:评估是否涉及侵犯当事人的隐私权、个人信息保护权,当事人已公开的个人信息可以使用(即已在国内外合法期刊、网站、新闻媒体等公开的个人信息,当事人明确表示不得再使用除外)。

(2)真实性标准:依据《民法典》第一千零二十五条第一款第一项规定,评估是否具有捏造、歪曲的事实。

(3)语言标准:依据《民法典》第一千零二十五条第一款第三项规定,评估是否具有使用侮辱性言辞等贬损他人名誉。依据《民法典》第十一条规定,其他法律对民事关系有特别规定的,依照其规定。依据《广告法》第九条规定,广告不得使用"国家级""最高级"等用语。

第十六章 高校秘书公务用车管理工作

第一节 公务用车管理概述

高校公务用车针对的是高校在公共活动中的各种公务用车行为，高校公务用车保障了高校公共活动的合理运行，增加了公共事务完成的便捷性和效率性。

公务用车是指党政机关配备的用于定向保障公务活动的机动车辆（《党政机关公务用车管理办法》第三条规定）。高校公务用车是指学校配备的专门用于保障公务活动的车辆。高校公务用车管理是高校秘书的工作职责和工作任务，一般由学校和部门事务秘书负责管理。公务用车管理是学校管理的难点和人们关注的焦点。违规配备使用公务用车问题屡禁不止。

据 2019 年 2 月 25 日中央纪委国家监委网站（中国纪检监察报）报道："聚焦突出问题，精准纠治'四风'——对 1 496 起违反中央八项规定精神典型案例的分析，违规配备使用公务用车问题 270 起，占 18.05%。"高校秘书依法依规加强公务用车管理确保中央八项规定精神落实落地，有助于推进党风廉政建设。

第二节 公务用车管理实务工作

一、严格配备标准，严禁超标配置

依据《党政机关公务用车管理办法》第二十九条第三款规定，不参照公务员法管理的事业单位公务用车，按照本办法的原则管理。我国高校不是参照公务员法管理的事业单位。依据《党政机关公务用车管理办法》第七条第一款第二项规定，高校配备的公务用车配备价格应 18 万元以内。违反规定超标配置公务用车，依据《党政机关公务用车管理办法》第二十六条第一款第一项规定，超编制、超标准配备公务用车的，依纪依法追究相关人员责任。

二、严格管理，专人负责

公务用车由学校办公室负责管理，事务秘书具体负责管理事宜，包括公务用车配备申报、车辆手续办理、车辆使用、车辆保险、车辆检验、车辆停放、车辆派车、车辆维修、车辆更新等管理工作。

三、注册登记，标注标识

依据《党政机关公务用车管理办法》第二十四条规定，高校公务用车需在公安交通管理部门进行公务用车注册登记，纳入公务用车统一管理系统；依据《党政机关公务用车管理办法》第十八条规定，高校公务用车应当实行公务用车标识化管理，应当在公务用车车辆上标注"公务用车"字样，主动接受社会公众监督。

四、依规使用，实行审批制

学校校级领导公务用车需经主管车辆校领导审批，学校各单位公务用车需经单位主要负责人同意。公务用车经审批后由学校办公室负责派车，由事务秘书填写《公务用车申请单》，该申请单内容包括用车单位、用车事由、用车人、出车时间、出发地点、用车线路、用车单位意见、派车单位意见等。

五、使用信息公开，实行登记制

学校使用公务用车依据《党政机关公务用车管理办法》第二十条规定，学校事务秘书对公务用车使用的信息实行登记，包括使用时间、用车人、事由、出发地点、用车线路、里程、油耗、费用等信息。

六、安全第一，防范风险

强化和要求驾驶员遵守交通法律法规，严禁违章驾驶；强化驾驶员安全教育培训，提升安全责任意识；强化公务车辆日常检查检修，确保车辆正常安全使用状态等。

七、禁止禁令，严格遵守

依据《党政机关公务用车管理办法》有关规定，学校教职工到外地办理公务，应当乘用公共交通工具，严禁使用公务用车（特殊情况除外）；严禁公车私用、私车公养；严禁超编制、超标准配备公务用车等。

第十七章 高校秘书民事合同管理工作

第一节 高校秘书合同管理工作概述

一、高校秘书合同管理职责

学校办公室法务秘书和学校各单位秘书在合同管理工作中发挥着举足轻重作用，履行以下合同管理职责：

（1）负责合同草拟工作；
（2）负责合同审核工作；
（3）负责合同签批工作；
（4）负责合同保管工作；
（5）负责合同归档工作；
（6）负责合同风险管控工作。

二、《民法典》合同编简述

《民法典》合同编（第四百六十三至九百八十八条）共计526条，几乎占《民法典》"半壁江山"。《民法典》规定了19个有名合同（典型合同包括：买卖合同、借款合同、保证合同、物业服务合同和建设工程合同等），2个准合同（无因管理、不当得利），具体表17-1所示。

表17-1 《民法典》第三编《合同》统计表

《民法典》第三编《合同》统计表			
第三编 合同（第四百六十三条至第九百八十八条，共计526条）			
编	章	节	条文
第一分编 通则	第一章 一般规定		第四百六十六条至第四百六十八条

续表

编	章	节	条文
第一分编 通则	第二章 合同的订立		第四百六十九条至第五百零一条
第一分编 通则	第三章 合同的效力		第五百零二条至第五百零八条
第一分编 通则	第四章 合同的履行		第五百零九条至第五百三十四条
第一分编 通则	第五章 合同的保全		第五百三十五条至第五百四十二条
第一分编 通则	第六章 合同的变更和转让		第五百四十三条至第五百五十六条
第一分编 通则	第七章 合同的权利义务终止		第五百五十七条至第五百七十六条
第一分编 通则	第八章 违约责任		第五百七十七条至第五百九十四条

第二分编 典型合同

章	节	条文
第九章 买卖合同		第五百九十五条至第六百四十七条
第十章 供用电、水、气、热力合同		第六百四十八条至第六百五十六条
第十一章 赠与合同		第六百五十七条至第六百六十六条
第十二章 借款合同		第六百六十七条至第六百八十条

续表

章	节	条文
第十三章 保证合同	第一节 一般规定	第六百八十一条至第六百九十条
第十三章 保证合同	第二节 保证责任	第六百九十一条至第七百零二条
第十四章 租赁合同		第七百零三条至第七百三十四条
第十五章 融资租赁合同		第七百三十五条至第七百六十条
第十六章 保理合同		第七百六十一条至第七百六十九条
第十七章 承揽合同		第七百七十条至第七百八十七条
第十八章 建设工程合同		第七百八十八条至第八百零八条
第十九章 运输合同	第一节 一般规定	第八百零九条至第八百一十三条
第十九章 运输合同	第二节 客运合同	第八百一十四条至第八百二十四条
第十九章 运输合同	第三节 货运合同	第八百二十五条至第八百三十七条
第十九章 运输合同	第四节 多式联运合同	第八百三十八条至第八百四十二条
第二十章 技术合同	第一节 一般规定	第八百四十三条至第八百五十条

续表

章	节	条文
第二十章 技术合同	第二节 技术开发合同	第八百五十一条至第八百六十一条
第二十章 技术合同	第三节 技术转让合同和技术许可合同	第八百六十二条至第八百七十七条
第二十章 技术合同	第四节 技术咨询合同和技术服务合同	第八百七十八条至八百八十七条
第二十一章 保管合同		第八百八十八条至第九百零三条
第二十二章 仓储合同		第九百零四条至第九百一十八条
第二十三章 委托合同		第九百一十九条至第九百三十六条
第二十四章 物业服务合同		第九百三十七条至第九百五十条
第二十五章 行纪合同		第九百五十一条至第九百六十条
第二十六章 中介合同		第九百六十一条至第九百六十六条
第二十七章 合伙合同		第九百六十七条至第九百七十八条
第三分编 准合同		
第二十八章 无因管理	第九百七十九条至第九百八十四条	
第二十九章 不当得利	第九百八十五条至第九百八十八条	

三、高校常用合同管理概述

高校常用合同有八个，其中有名合同 6 个（买卖合同、借款合同、保证合同、租赁合同、建设工程合同和物业服务合同），无名合同 2 个（联合办学合同、培训合同）。有名合同是指法律上按其类型已确定了一定名称的合同，又称典型合同。如：《民法典》确定了有名合同 19 个（典型合同）。无名合同是指有名合同以外的、尚未统一确定一定名称的合同。

高校应加强常用合同管理，合同管理的核心是合法性，合同管理的关键是避免无效合同、被撤销合同和违约行为发生。高校应依据《民法典》关于第三编《合同》的新制度、新规则和新变化，制定与《民法典》相适应的合同合法性审查、合同审批和风险评估等系列管理制度，严控合同风险，避免高校承担合同无效、合同被撤销和违约等不利法律后果和法律责任。

（一）买卖合同

1．买卖合同概念

买卖合同是指出卖人转移标的物的所有权于买受人，买受人支付价款的合同（《民法典》第五百九十五条规定）。

2．民法典试用买卖修订的主要亮点、新变化及对高校产生的影响

《民法典》明确试用买卖中的默认购买规则及使用费，为高校购买产品提供了新路径。《民法典》第六百三十八条和第六百三十九条延续了《买卖合同司法解释》第四十一条和第四十三条规定的精神，对于试用期限内买受人已经支付部分价款或者对标的物实施出卖、出租、设立担保物权等行为的，推定为同意购买。明确对于试用期未约定使用费的，出卖人无权主张使用费。《民法典》第六百四十条规定，标的物在试用期内毁损、灭失的风险由出卖人承担。

高校对于实验仪器设备设施可以采取"试用买卖"的方式，若果试用不满意可以要求退货，保证了实验仪器设备设施的质量和有效性。

（二）借款合同

1．借款合同概念

借款合同是指借款人向贷款人借款，到期返还借款并支付利息的合同（《民法典》第六百六十七条规定）。

2．民法典借款合同修订的主要亮点、新变化及对高校产生的影响

（1）增加"禁止高利放贷，借款的利率不得违反国家有关规定"的内容。《民法典》第六百八十条是关于因借款合同而产生的利息债权及利率限制的规定，其主要目的在于限制利息暴利并尊重当事人的自发性。

《民法典》第六百八十条第一款规定，禁止高利放贷，借款的利率不得违反国家有关规定。禁止高利放贷的规制对象不再仅仅限于自然人，金融机构和其他非金融机构单位也在这一条款的规制之列。

（2）《民法典》第六百八十条第二款规定，借款合同未约定利息，视为没有利息。

借款合同修订对高校产生的影响。高校在签订借款合同时不仅要约定利息，而且要对利率作出明确约定，避免发生纠纷时学校的权益受到损害。

（三）保证合同

1．保证合同概念

保证合同是指为保障债权的实现，保证人和债权人约定，当债务人不履行到期债务或者发生当事人约定的情形时，保证人履

行债务或者承担责任的合同（《民法典》第六百八十一条规定）。

2．民法典保证合同修订的主要亮点、新变化及对高校产生的影响

保证方式约定不明时推定为一般保证，此为颠覆性变化，减轻了保证人责任。如今连带责任保证被修订为一般责任保证，修改的背后隐藏着深刻的理念变迁，即向理性的回归，向规则的回归，向权利义务衡平回归。

《民法典》第六百八十六条规定，当事人在保证合同中对保证方式没有约定或者约定不明确的，按照一般保证承担保证责任。

保证合同修订对高校产生的影响：高校在签订《保证合同》时要明确约定保证方式。保证方式有两种：一般保证、连带责任保证。因此，如果想要第三方承担连带责任保证的，一定要明确写在担保合同内，否则视为一般保证责任。一般保证的保证人，享有先诉抗辩权。

（四）租赁合同

1．租赁合同概念

租赁合同是指出租人将租赁物交付承租人使用、收益，承租人支付租金的合同（《民法典》第七百零三条规定）。

2．民法典租赁合同修订的主要亮点、新变化及对高校产生的影响

（1）《民法典》第四百零五条规定，明确在先设立并已经占有的租赁权可以有效对抗抵押权。

（2）承租人优先购买权受到限制。

《民法典》第七百二十六条吸收了《城镇房屋租赁合同解释》第二十一条、第二十二条和第二十四条的规定，明确了在房屋按份共有人或者出租人近亲属购买该房屋时，承租人的优先购买权将受到限制。同时，《民法典》也明确了承租人应在十五日内行使

优先购买权，否则将视为放弃优先购买权。

租赁合同的修订对高校产生的影响：高校依法对已出租的门面、超市等租赁物设立抵押权；超期转租即使超出了租赁期限部分仍然有效，但对出租人不产生法律约束力。

（五）建设工程合同

1．建设工程合同概念

建设工程合同是承包人进行工程建设，发包人支付价款的合同（《民法典》第七百八十八条规定）。

2．民法典建设工程合同修订的主要亮点、新变化及对高校产生的影响

（1）承包人拒绝交付权

当发包人不支付工程款，依据《民法典》第八百零八条、第七百八十三条规定，承包人"有权拒绝交付"来占有建设工程，从而要求发包人尽快支付欠款，保障承包人的合法权益。

（2）《民法典》第五百六十四条规定，法律没有规定或者当事人没有约定解除权行使期限，给予了合同解除权1年的行使期限；或者经对方催告后在合理期限内不行使的，该权利消灭。

（3）质量标准约定不明的处理规则

《民法典》第五百一十一条第一款第一项规定了质量标准约定不明的处理规则。根据《中华人民共和国标准化法》第二条的规定，标准包括国家标准、行业标准、地方标准和团体标准、企业标准；国家标准分为强制性标准、推荐性标准，行业标准、地方标准是推荐性标准；强制性标准必须执行。国家鼓励采用推荐性标准。国家标准、行业标准均由相关部门根据严格的程序制定，具有标准要求明确、认知度高、权威性的特点。《民法典》的此次修改，也是体现了上述相关法规的最新要求，具有一定的指导意义。

民法典建设工程合同修订对高校产生的影响：按照《建设工程合同》约定履行支付工程款义务，避免承包人拒绝交付占有建设工程从而给学校造成不必要损失；"法律不保护权利上的睡眠者"，及时在1年期限行使合同解除权，促使双方当事人的法律关系尽快稳定下来，保护学校的利益；在《建设工程合同》明确约定工程质量标准，避免纠纷发生。

（六）物业服务合同

1. 物业服务合同概念

物业服务合同是指物业服务人在物业服务区域内，为业主提供建筑物及其附属设施的维修养护、环境卫生和相关秩序的管理维护等物业服务，业主支付物业费的合同。物业服务人包括物业服务企业和其他管理人（《民法典》第九百三十七条规定）。

2. 民法典物业服务合同修订的主要亮点、新变化及对高校产生的影响

（1）增加规定物业服务合同，明确物业服务人不得采取停止供电、供水、供热、供燃气等方式催交物业费。

根据《民法典》第九百四十四条规定，即使业主拒绝或者逾期缴纳物业费的，物业服务人也不得采取断水、断电、断供燃气等影响业主基本生活方式催缴物业费，应该通过司法诉讼途径解决，强化业主利益保护，缓解了社会矛盾的激化。

（2）规制共有部分利用，维护业主的共同权益。

《民法典》在第二百八十二条中明确指出，"利用业主的共有部分产生的收入，在扣除合理成本之后，属于业主共有"，符合业主共有权的本质，维护了业主的共同利益。

民法典物业服务合同修订对高校产生的影响：物业公司不得采取停止供电、供水、供热、供燃气等方式催交物业费，有利于保障学校师生正常生活秩序；物业公司利用电梯等共有部分张贴

广告、安装净水器等收入，在扣除合理成本之后，属于学校（业主）共有。

（七）合作办学合同

合作办学合同是无名合同，在《民法典》中未有明确规定，是指高校和其他具有办学资质的学校之间就办学层次（专科或本科）、学制、师资选派、教学运行、学生管理、收费标准及分配比例、合作双方职责和义务等进行约定的合同。

合作办学是高等教育大众化、教育资源共享互利等发展的必然趋势。合作办学形式包括合作培养专科生、本科生、硕士研究生。合作办学的模式是在合作方设置教学点（函授站）。高校在校外合作方设置教学点（函授站）须经高校主管部门批准。

（八）培训合同

培训合同在《民法典》中未有明确规定，是无名合同。培训合同是指高校和其他具有民事主体（包括学校、公司、企业等）的被培训方之间就培训项目、培训目标、培训内容、培训经费等进行约定的合同。高校设立专门培训机构，开展形式多样的培训。如：××××大学官网显示，设立继续教育学院和高等教育自学考试办公室，学院下设学院办公室（学生工作办公室）、成教部、自考部、培训部等四个科室，学院负责管理重庆市工程师创新能力培训培养基地、开展干部培训、技能培训和考证培训。

第二节 高校秘书民事合同管理实务工作

一、合同草拟工作

（一）合同草拟的概念

合同草拟是指高校秘书依据《民法典》法律规定，书写民事合同。合同内容主要包括合同名称（有名合同的名称必须按照《民法典》规定的19个有名合同的名称撰写，无名合同名称法律没有明确规定，可以使用"协议"名称）、当事人基本信息、具体条款内容、双方当事人权利义务、合同变更、解除、终止、违约责任等。

（二）高校合同草拟工作实务

1. 合同必备条款符合法律规定，确保内容全面

合同条款是当事人合意的产物，合同内容的表现形式，是确定合同当事人权利义务的根据。所谓必备条款又称主要条款，是指根据合同的性质和法律的特别规定所必须具备的条款，缺少这些条款将影响合同的成立。

高校常用有名合同的必备条款：

（1）买卖合同必备条款：一般包括标的物的名称、数量、质量、价款、履行期限、履行地点和方式等（《民法典》第五百九十六条规定）。

（2）借款合同必备条款：借款合同的内容一般包括借款种类、币种、用途、数额、利率等（《民法典》第六百六十八条规定）。

（3）保证合同必备条款：一般包括被保证的主债权的种类、数额，债务人履行债务的期限，保证的方式、范围和期间等条款（《民法典》第六百八十四条规定）。

（4）租赁合同必备条款：一般包括租赁物的名称、数量、用途、租赁期限、租金等（《民法典》第七百零四条规定）。

（5）建设工程合同必备条款：勘察、设计合同必备条款一般包括提交有关基础资料和概预算等文件的期限、质量要求、费用等（《民法典》第七百九十四条规定）。施工合同必备条款一般包括工程范围、建设工期、工程质量、工程造价等（《民法典》第七百九十五条规定）。

2．语言文字表达精准准确，不产生歧义多义

合同条款是用语言文字表达的，汉字语言包罗万象，文字意思意义无穷无尽。

（1）同一文字多音多义，容易发生纠纷。如："还"字，有两种读音：第一种读音（还：huán）。本义是回到原处或恢复原状，如还乡、还俗、衣锦还乡、返老还童。衍义引申指"回报别人对自己的行动"，如还手、还击、以眼还眼、以牙还牙。衍义又引申指"偿付"，如归还、偿还、还本、原物奉还。第二种读音（还：hái）。衍义引申指"依然，仍然"，如这本书还没有看完。衍义又引申指"更加"，如今天比昨天还冷。"还"字经常在借款合同中容易发生纠纷。如"借条：今借到张三人民币 5 万元，2020 年 5 月 10 日还借款 4 万元。借款人：李四，借款时间：2020 年 8 月 8 日。"

由于本借条"还"字有两种读音，第一种读音（还：huán），按照还（"huán"）理解，那么李四在张三处借款只有 1 万元（因为 huán 了 4 万元，5 万元减去 4 万元）。第二种读音（还：hái），按照还（hái）理解，那么李四在张三处借款共计 9 万元（5 万元加上 4 万元）。

（2）合同文字表达不准确，容易发生纠纷。如《商品房认购合同》第四条约定："一号楼正大厅右侧 7 号门市与左侧 4 号门市后段（公厕）调换。4 号门市后段所有权归甲方所有，酒店大厅及原 7 号门市所有权为酒店所有，不再计费用。"

《商品房认购合同》第四条"酒店大厅及原 7 号门市所有权为酒店所有，不再计费用"，表达不准确。因"不再计费用"有多种认识和理解。"酒店大厅及原 7 号门市所有权为酒店所有，不再计算费用"可以理解为：一是酒店大厅及原 7 号门市"不再计算费用"并非不计算费用，而是不重复计算费用。二是酒店大厅及原 7 号门市不再计算费用，但并非不计算房款，只是不计算房费，

房款和房费是两个不同的法律概念。三是"不再计算费用"并不等于不计算公摊面积，依据《商品房销售面积计算及公用建筑面积分摊规则（试行）》（建房（1995）517号）有关规定，酒店大厅必须计入公摊，既是商品房买卖基本常识，又是规章强制性规定，既合法，又合情，更符合交易习惯。

二、合同审查工作

（一）合同当事人审查

1. 审查当事人主体是否合格（合格性）

合同主体是否具备签订及履行合同的合法资格，是合同审查中的重要的首要问题。

2. 审查当事人经营范围

依据《民法典》第五百零五条规定，当事人超越经营范围订立的合同的效力，不得仅以超越经营范围确认合同无效。审查合同内容是否超越当事人经营范围订立合同，虽不因此认定合同无效。但违反国家限制经营、特许经营及法律、行政法规禁止经营规定的除外。例如烟草、外汇、黄金、文物、特殊药品等，这些行业是国家专营统制事业，与国家安全和税收有密切关系。合同主体违法从事限制经营、特许经营、禁止经营的活动不仅会导致合同无效，还有可能因非法经营而被追究刑事责任，在审查相关合同时需要格外注意。

3. 审查当事人诉讼风险

当事人诉讼风险包括民事诉讼、行政诉讼和刑事诉讼。审查的目的是审查是否具备履约能力、诚信资信等方面。审查的方法是在中国裁判文书网上输入"当事人"名称，查询当事人"案由、裁判年份、裁判程序、文书类型、违约责任、判决结果、执行情况"等信息。

（二）合同内容审查

1．合法性审查

（1）合同名称合法性审查。《民法典》规定了19种有名合同。符合有名合同特征的合同应当采用标准的合同名称或不会使人误解的通称，而无名合同也不应张冠李戴，防止合同名称影响对于合同性质和法律关系的判断。

（2）内容的合法性审查。合同内容的合法性首先涉及标的合法性，包括是否属于禁止性的交易、标的物本身是否拥有合法的权属证明、质量标准是否合法等。

（3）合同中的各类术语，必须符合法律规范、技术规范等方面的权威解释。

（4）审查合同中引用的法律或技术标准是否已经失效，否则会影响交易利益和合同效力。

2．争议解决方式审查

当事人常常在合同中约定：争议协商解决，协商未果，当事人选择：

（1）仲裁（某某市仲裁委员会）。

（2）诉讼。如果当事人选择了"仲裁"方式解决纠纷，依据《中华人民共和国仲裁法（2017修正）》第九条规定，仲裁实行一裁终局的制度。因仲裁实行"一裁终局"，救济途径受限；如果当事人选择"诉讼"，依据《民事诉讼法》第十条规定，实行"两审终审制"，对于生效的判决不服，还可以依法提起"再审"，救济途径比较宽泛。

（三）合同形式审查

1．合同形式

合同形式包括书面形式、口头形式或者其他形式。书面形式是合同书、电报、传真等可以有形地表现所载内容的形式（《民法典》第四百六十九条规定）。

2．特定形式

法律、行政法规规定或者当事人约定采用特定形式的，应当采用特定形式（《民法典》第一百三十五条规定）。

《民法典》规定的合同应当采用书面形式有：

（1）建设用地使用权出让合同（《民法典》第三百四十八条规定）。

（2）抵押合同（《民法典》第四百条规定）。

（3）借款合同（《民法典》第六百六十八条规定）。

（4）建设工程合同（《民法典》第七百八十九条规定）。

（5）物业服务合同（《民法典》第九百三十八条规定）等。

三、合同审批及签订工作

1．学校内部审批

学校合同依法须经法定代表人签字，依据《高等教育法》第三十条规定，高等学校的校长为高等学校的法定代表人。高校学校合同须经学校校长签字，由合同经办部门秘书填写《合同审批表》，该表主要包括负责单位、单位合同编号、具体事由、经办人（签字）、经办单位负责人（意见、签字）、归口管理单位（盖章）、法律顾问（意见、签字）、审计处（负责人签字、盖章）、党政办（负责人签字、盖章）、主管校领导（意见、签字）和法定代表人（意见、签字），通过学校内部严格的审批程序，达到"层层监督把关，签字人人负责"的目的，确保合同的合法性和有效性。

2．学校盖章

学校合同经内部审批、校长签字后，由学校办公室秘书加盖学校公章、校长印章。

3．合同另外一方当事人法定代表人签字、加盖单位公章

依据《民法典》第四百六十四条规定，合同是民事主体之间设立、变更、终止民事法律关系的协议。第四百六十五条规定，依法成立的合同，仅对当事人具有法律约束力。合同经办部门秘书在学校加盖公章、校长印章用印后应及时联系合同另外一方当事人法定代表人签字、加盖单位公章。

4．学校与自然人签订合同，自然人可以按指印，按指印时合同成立

按手印签订合同自古有之。合同，按手印不是倒退，而是前进。在现实生活中，即使在动辄上亿的合同上，也经常会见到当事人按下的手印，是对交易的"双保险"。按手印主要呈现的是当事人的指纹，每个人的指纹都是独一无二的。而自然人的签名或盖章是变化多端的，亦存在代签或模仿签字或存在多枚印章的可能。依据《民法典》第四百九十条规定，当事人采用合同书形式订立合同的，自当事人均签名、盖章或者按指印时合同成立。从此，按手印不用再依附于签字或者盖章，被视为当事人签字或盖章的另一种表现形式。

第三节　合同管理风险及对策建议

一、合同原件丢失风险及对策建议

（一）合同原件丢失风险

1．仲裁不予受理的风险

合同当事人发生纠纷后，当事人可以依据合同中"争议仲裁条款"的约定，向有管辖权的仲裁委员会提起仲裁。依据《中华人民共和国仲裁法》（以下简称《仲裁法》）第二十三条第一款第

三项规定，仲裁申请书应当载明"证据和证据来源、证人姓名和住所"。依据《仲裁法》第四十三条规定，当事人应当对自己的主张提供证据。因学校合同原件丢失，证据已灭失，依据《仲裁法》第二十四条规定，应不符合受理条件，仲裁委员会依法不予受理。

2．起诉不予受理或被驳回的风险

合同当事人发生纠纷后，当事人可以依据合同中"争议诉讼条款"的约定，向有管辖权的人民法院提起诉讼。《民诉法》第七十条规定，书证应当提交原件。因学校合同原件丢失，证据已灭失，学校将面临起诉不予受理或驳回起诉的风险。《最高人民法院关于适用＜中华人民共和国民事诉讼法＞的解释（2020 修正）》（法释〔2020〕20 号）第九十条规定，当事人对自己提出的诉讼请求所依据的事实或者反驳对方诉讼请求所依据的事实，应当提供证据加以证明。在作出判决前，当事人未能提供证据或者证据不足以证明其事实主张的，由负有举证证明责任的当事人承担不利的后果。

（二）对策建议

（1）实行合同原件多份制。合同当事人在合同中明确约定，"本合同一式肆份，双方各执贰份"，或"本合同一式陆份，双方各执叁份"。

（2）多份合同原件，保存在多个单位。经办单位保存一份，学校档案馆归档保存一份，学校财务处财务记账保存一份。

二、合同无效风险及防控对策

1．合同无效的概念

合同无效是指合同因欠缺一定生效要件而致合同当然不发生效力。依据《民法典》第一百四十三条规定，生效要件可以理解为：行为人具有相应的民事行为能力；意思表示真实；不违反法律、行政法规的强制性规定，不违背公序良俗。

2. 合同无效的风险

风险一：自始没有法律约束力。依据《民法典》第一百五十五条规定，无效的或者被撤销的民事法律行为自始没有法律约束力。

风险二：合同无效的法律后果：

《民法典》第一百五十七条对合同无效或被撤销后的财产返还作了明确规定。由于《民法典》第一百五十七条基本承继了《合同法》第五十八条，故最高人民法院于2019年11月印发的《全国法院民商事审判工作会议纪要》（以下简称《九民纪要》）中关于无效合同返还的规定可以继续适用。

（1）返还财产。依据《民法典》第一百五十七条规定，民事法律行为无效、被撤销或者确定不发生效力后，行为人因该行为取得的财产，应当予以返还。

（2）折价补偿。依据《民法典》第一百五十七条规定，不能返还或者没有必要返还的，应当折价补偿。

（3）赔偿损失。依据《民法典》第一百五十七条规定，有过错的一方应当赔偿对方由此所受到的损失；各方都有过错的，应当各自承担相应的责任。法律另有规定的，依照其规定。

（4）依据《民法典》第五百零七条规定，合同无效解决争议方法的条款有效。

3. 对策建议

（1）加强合同合法性审查，充分发挥学校法律顾问作用；学校合同法律顾问要在学校签订合同前出具法律意见书。

（2）专业性很强的合同要邀请专业律师进行合法合规性审查，并出具专业法律意见书。

（3）新类型合同、重大疑难复杂合同特邀法学专家、专业律师和高级法官等组成审查评估团队，开展"会审"工作。

第十八章 民法典时代高校特殊风险管控

第一节 民法典与高校

《民法典》是一项伟大世纪工程，体现了中国智慧，具有重要里程碑意义。《民法典》取代《合同法》《物权法》《侵权责任法》《民法总则》《婚姻法》等九部法律，可谓包罗万象。《民法典》与高校息息相关。《民法典》被誉为"社会生活的百科全书"，与学校教学教育和科研关系密切，深刻影响学校方方面面，明确了学校民事权利、法定职责和法定义务，为学校依法维护师生民事权利，提供了法律武器。《民法典》共计1260条，其中涉及学校共计7条（第二十四条、第三十六条、第三百九十九条、第一千零一十条、第一千一百九十九条、第一千二百条、第一千二百零一条），在法律条文中"学校"一词出现12次，其他法律条文也与高校相关联。

《民法典》明确规定了学校享有的权利、履行教育和管理职责和安全保障等义务，现概述如下。增加了学校享有的3项民事权利：《民法典》第二十四条规定了学校享有的申请权，即申请成年人为无民事行为能力人或者限制民事行为能力人；《民法典》第三十六条规定，学校享有申请撤销监护资格权；《民法典》第一千二百零一条第二款规定了学校享有的追偿权。《民法典》创设了"自甘风险"法律制度，明确了高校开展文体活动学校组织者的法定义务，为解决文体活动人身损害提供了法律依据。《民法典》第一千一百七十六条规定，明确了学校承担文体活动组织者的安全保障义务。《民法典》创设了"禁止性骚扰制度"，明确了高校禁止性骚扰的责任和义务。

在第四编《人格权》中，《民法典》第一千零一十条第二款规定，明确了学校预防性骚扰责任和义务。高校应当采取合理的预防、受理投诉等措施，防止和制止利用职权、从属关系等实施性骚扰。

《民法典》禁止高空抛物，明确了高校建筑物管理者的责任。高校教学楼、宿舍楼、实验楼和科研楼等建筑物，高校是建筑物的使用者和管理者，《民法典》明确了高校的法定管理职责。《民法典》第一千二百五十四条规定，禁止从建筑物中抛掷物品。该法律条文展现的亮点：一是突出的亮点是明确了高空抛物、坠物建筑物管理人安全保障义务以及未履行安全保障义务的侵权责任；二是有证据能够确定侵权人的由侵权人承担责任；三是不能具体侵权人的采取推定原则，有可能加害的建筑物使用人给予补偿；四是确定了有关机关调查并查清责任的义务，依法免除了受害人的举证责任，有利于保护受害人合法权益。

第二节 文体活动风险及防治

高校学生在学校上实验课、篮球课、足球课，受了伤，学校该不该担责？怎么担责？高校教职工在参加运动会、竞赛活动等受到人身伤害，高校是否承担法律责任？这些纠纷十分常见，实践中对此类事件责任的判定难度较大。

一、高校承担文体活动组织者责任的法律依据

《民法典》第一千一百七十六条规定了"自甘风险"法律制度，明确了活动参加者、组织者的法律责任，为解决文体活动人身损害提供了法律依据，告别"谁能闹谁有理""谁横谁有理""谁受伤谁有理"的历史。高校只有在文体活动组织过程中存在故意或者重大过失的情形下依法才承担法律责任。

二、高校防治和化解文体活动风险对策建议

（1）明确和落实责任，建立健全文体活动管理规章制度，防

范和化解文体活动学生受伤害风险。明确高校、组织者、承办者、参加者和师生等各方职责和义务,细化活动流程规程、规范规则、活动纪律等工作制度,制定和实施每个过程、每个环节、每个方面的严密管理制度,最大限度地避免人身伤害发生,切实维护师生生命健康安全。

(2)采取恰当安全防护措施,预防和防止事故事件发生。一是提前告知预防,明确和提醒文体活动注意事项和禁止参加者。如:高校新生学生军训活动,一般安排在九月份,而每年九月一些南方高校面临高温酷暑,高校须明确告知学生在患病期间、突发疾病、身体不适等情形,不宜不能参加军训活动等。二是安全措施预防。"拉警戒线、系安全绳、戴防护帽,发放防止中暑药品"等恰当安全防护措施,防止师生人身伤害发生。三是应急措施预防。在军训、全校运动会、大型庆祝晚会等活动现场应配备医务人员、安保人员、应急车辆等应急措施,及时处置人身伤害事故,避免事故发生。

(3)保险化解风险,切实维护师生人身伤害合法权益。

参加保险是防范和减轻高校责任的一种重要手段。为高校教职工依法参加工伤保险,为达到法定退休年龄的教职工参加雇主责任险或意外伤害保险,当教职工发生工伤或非因公工伤伤害时,依法享受工伤保险待遇或按照意外伤害保险合同约定享受保险合同待遇。为高校学生参加校方责任险或意外伤害保险,化解和减轻高校承担学生人身损害赔偿责任。

第三节 性骚扰风险及防治

一、性骚扰的概念

性骚扰易发、频发、难防,防不胜防,是一个世界性的社会问题、法律问题和现实问题。性骚扰（sexual harassment）指以性欲为出发点的骚扰。《民法典》第一千零一十条明确了性骚扰概念。《民法典》对"性骚扰行为"进行了界定。"违背他人意愿，以言语、文字、图像、肢体行为等方式"，由此，各种具体形式的性骚扰行为，无论是公共场所性骚扰行为、校园性骚扰行为、工作场所性骚扰行为、学习场所性骚扰行为还是其他形式的性骚扰行为，都是表现形式，都会受到《民法典》的规范。

二、高校履行防治性骚扰义务，有法可依，于法有据

《妇女权益保障法》第四十条规定，禁止对妇女实施性骚扰。受害妇女有权向单位和有关机关投诉。民法典强化对人格权的保护，确立了规制和防止性骚扰的规则，创设了"禁止性骚扰制度"，明确了学校禁止性骚扰责任和义务。《民法典》第一千零一十条第二款规定，机关、企业、学校等单位负有预防性骚扰的义务，对于预防和防范性骚扰具有重要作用。明确了学校主体责任，学校应采取合理保护措施，建立受理投诉机制，防止和制止利用职权、从属关系等实施性骚扰。

三、高校防治性骚扰对策建议

（一）制度治理，建立健全防治性骚扰系列规章制度

筑牢制度防线，防范性骚扰风险，为性骚扰套上"紧箍咒"。高校构建和实施预防、投诉、查处和申诉等系列配套管理规章制度，多管齐下防治性骚扰，增强师生明规矩、知敬畏、守底线意识，扎紧制度篱笆。

一是建立健全规范师生行为制度，建立规规矩矩师生关系，遏制高校性骚扰。如：禁止师生之间尤其是具有学业指导、评价

关系的师生之间发生恋爱等；二是建立健全"从快、从严、从重"惩戒惩罚制度。如撤销教师资格、撤职、开除公职、开除党籍等；三是建立健全经济处罚制度。如降低绩效工资等；四是建立健全"快捷、方便"投诉和受理制度。学校设立专门的投诉和受理机构、快速立案；五是建立健全调查和处理制度。学校指派负责事件处理的调查小组，采取询问受害人、证人、调取监控等措施，收集和固定证据，向学校提交书面调查报告，学校党政按照法律法规和学校规章制度，对性骚扰者进行处理；六是建立健全申诉制度。当事人对处理决定不服的，有权向高校行政主管机关负责受理申诉申请的部门提出申诉。

（二）设立性骚扰防治和处理的专门机构

专业化，让专门人才解决专业问题，是解决专业复杂问题的重要出路。高校可以借鉴美国加州大学专岗专员专职化的做法，防治校园性侵和性骚扰。在校园性侵问题和预防和处置上，美国加州大学基本做到专岗专员专职化。在学校设立性侵与性骚扰防治办公室，有协调员2名、调查员1名，主要职责是为学校性侵与性骚扰案件进行调查、处置和预防等。

（三）发挥高科技作用，构建天网监控系统

"天网恢恢，疏而不漏"。在办公室、电梯、楼梯等办公场所和公共场所安装摄像头，组成监控网络体系，使之成为防治性骚扰的坚强后盾，解决取证难的问题。

第四节　高校管理区域高空抛物风险及防治

一、高空抛物现状

近年来，频频发生的高空抛物坠物事件，被人们形象地称为

"悬在城市上空的痛",严重影响了公民正常工作、生活,侵害了公民人身健康权益。自 2010 年始至 2021 年 7 月 10 日止,在"中国裁判文书"网输入"高空抛物"搜索,共计 1969 篇裁判文书。文书类型包括:判决书(1900)、裁定书(67)、调解书(1)和其他(1)。地域及法院分布非常广泛,涉及全国 31 个省、自治区和直辖市。其中涉及最多的省、直辖市有:重庆市(234 件)、广东省(199 件)、湖北省(166 件)、四川省(147 件)、湖南省(130 件)、江苏省(112 件)、贵州省(111 件)、上海市(108 件)、河南省(105 件)、辽宁省(79 件)。

裁判年份 12 年(2010 年至 2021 年 7 月 10 日)分析:12 年共计 1969 件,其中 2010 年(1 件)、2011(3 件)、2012(4 件)、2013(12 件)、2014(88 件)。近三年来案件数量剧增,共计 1164 件〔2019 年(402 件)、2020 年(545 年)、2021 年(217 件)〕,占比 59.12%,表明《民法典》实施前后公民维权意识日益增强,司法机关治理高空抛物力度强化。

二、高校治理高空抛物的法治依据

有法可依,治理"高空抛物顽疾",为高校师生提供"头顶保护伞"。《民法典》第一千二百五十四条规定,禁止从建筑物中抛掷物品。《刑法》第二百九十一条之二明确规定了高空抛物罪。这些法律规定为受害人维权提供了法律依据,为制裁高空抛物者提供了法治准绳。高校的教室、寝室、实验室、运动场等建筑物,高校是建筑物管理人,依法应承担《民法典》规定的法定义务。《刑法》第二百九十一条之二(高空抛物罪)从建筑物或者其他高空抛掷物品,情节严重的,处一年以下有期徒刑、拘役或者管制,并处或者单处罚金。有前款行为,同时构成其他犯罪的,依照处罚较重的规定定罪处罚。

三、高校治理高空抛物风险对策建议

（一）强化宣传，大力宣传高空抛物是违法犯罪行为

一是警示标语宣传。在学校宿舍电梯、教学楼等公共场所或人员聚集场所张贴"禁止高空抛物""严禁高空抛物""高空抛物是违法犯罪行为"等警示宣传语；二是把"禁止高空抛物"纳入高校法治宣传内容，进课堂，进师生心灵，入脑入心；三是在高校官网设置"法治栏目"，大力宣传禁止高空抛物。四是宣传高空抛物典型案例，让师生吸取教训。

（二）制度防治，建立健全禁止高空抛物管理制度

建立健全禁止高空抛物系列管理制度，坚决遏制高空抛物现象发生。一是实行包干管理制，按照"谁使用、谁管理"原则，严格落实教室、寝室、实验室等建筑物禁止高空抛物管理责任，每栋建筑物划片区、划区域、划房间落实管理者，责任落实到人头。二是实行追偿制，高空抛物发生人身伤亡事故时，当不能确定侵权人时，在高校依法承担赔偿责任后，高校对建筑物的管理者依法实行追偿权。三是实行处分制，学校对在禁止高空抛物管理中有过错的管理者，根据高空抛物发生人身伤亡的后果、影响或认错态度等情节，教职工依据《事业单位人事管理条例》有关规定，给予警告、记过、降低岗位等级或者撤职等处分。学生依据《普通高等学校学生管理规定》有关规定，给予警告、记过、留校察看等处分。

（三）保险防治，防范和化解高校责任

高校应切实维护师生"头顶上的安全"，切实保障和维护师生人身健康安全，不断增强师生的幸福感、安全感。积极参加师生意外伤害保险，保险赔偿金建议不少于50万元，避免或减轻高校赔偿责任，化解办学风险。

参考文献

[1] 马岚. 高校办公室秘书的角色定位研究[J]. 安徽冶金科技职业学院学报, 2016, 26 (2): 102.

[2] 杨剑静. 新形势下高校秘书工作创新刍议[J]. 宁波职业技术学院学报, 2011, 15 (3): 35.

[3] 李泽忠. 论我国高校教职工的学习观[J]. 中国科技纵横, 2011 (110): 97.

[4] 李梅. 柳琳谈谈公文中的模糊语言[J]. 赤子（上中旬）, 2015 (5): 354.

[5] 张伟. 高校办公室秘书角色与素质提升对策[J]. 黑龙江志, 2013, 5 (8): 241.

[6] 朱刚, 李书喜. 学会掌握正确的工作方法[J]. 政工学刊, 2021 (4): 85.

[7] 李泽忠. 工作计划编制研究[J]. 办公室业务, 2011 (6): 23.

[8] 杨莉. 浅谈秘书人员的工作方法[J]. 晋中师范高等专科学校学报, 2002, 19 (2): 145.

[9] 洪爽, 何华萍. 关于高校秘书八大能力的思考[J]. 中国电力育, 2009 (134): 220.

[10] 张莉. 公文写作的语言风格[J]. 忻州师范学院学报, 2018, 34 (3): 45.

[11] 甄强. 论公文语言的"简"法[J]. 应用写作, 2017, 10 (2): 15.

[12] 唐晓云, 白佗, 李维阳, 等. 办公室秘书公文写作方法探究与应用[J]. 公文写作, 2017, 4 (265): 6.

[13] 张保忠, 岳海翔, 官盱玲. 最新公文处理实用指南[M]. 北京: 中国文史出版社, 2012.

[14] 何德波. 浅谈公文主旨的特点、确立与提炼[J]. 时代文学(下半月), 2014, 6 (23): 134.

[15] 胡鸿杰. 谈谈公文的主旨与程序保障[J]. 档案学通讯, 2008 (1): 33.

[16] 唐富起. 主旨是构成公文内容的首要因素[J]. 应用写作, 2001, 7 (5): 10.

[17] 褚丽. 高校规章制度建设的法治问题及其完善[J]. 齐齐哈尔大学学报(哲学社会科学版), 2016 (12): 170.

[18] 米宝昌, 韩宝军. 高校党政办公室工作的创新与实践[J]. 中国环境管理干部学院学报, 2006, 16 (2): 66.

[19] 李泽忠. 论完善领导干部廉洁从政保证制度的创新思路[J]. 四川教育学院学报, 2011 (3): 62.

[20] 邝安全. 公文语言的审美观照[J]. 中州大学学报, 2012, 29 (2): 79.

[21] 罗拱北. 公文标题中标点符号应用探析[J]. 应用写作, 2021, 4 (2): 10.

[22] 姜英伟, 高原. 刍议公文小标题的提炼[J]. 应用写作, 2009, 9 (2): 20.

[23] 张浩. 行政公文写作技巧、格式、模板与实用范例全书[M]. 北京: 海潮出版社, 2014.

[24] 李梅, 吕燕. "通知"写作中常见的几种病误[J]. 赤子(中旬), 2014, 2 (25): 319.

[25] 张子怀. 用请示报告制度推动工作——如何做好请示报告工作[J]. 中国领导科学, 2020, 7 (10): 84.

[26] 袁帅锋. 把握请示写作"四字方针"[J]. 秘书之友, 2018, 12 (10): 25.

[27] 陈芳. 请示与函写作模式探析[J]. 智库时代, 2020, 3 (30): 291.

[28] 李媛, 胡占勇. 怎样写好报告[J]. 办公室业务, 2011, 10(25): 23.

[29] 陈天恩. 机关公文种类之二: 决定[J]. 新闻与写作, 2006, 4(5): 42.

[30] 尹平平, 赵蕾, 余潇, 等. 文秘写作实用模板与范本[M]. 北京: 中国纺织出版社, 2012.

[31] 曾朝霞. 论工作计划的写作[J]. 中小企业管理与科技（上旬刊）, 2013, 11(5): 151.

[32] 李泽忠. 工作计划编制研究[J]. 办公室业务, 2011(6): 23.

[33] 艾华. 谈工作总结的撰写[J]. 中国教育技术装备, 2010, 5(191): 92.

[34] 朱锦慧. 对几个新闻概念的思考[J]. 采写编, 2018(6): 81.

[35] 张杰, 唐铁惠. 写作[M]. 武汉: 武汉大学出版社, 2005.

[36] 李泽忠. 论我国高校劳动规章制度存在的问题及对策[J]. 中国科技纵横, 2011(110): 180.

[37] 林立华. 刍议高校规章制度[J]. 江苏高教, 2014(1): 64.

[38] 余立. 高校规章制度的法治化思考[J]. 北京教育（高版）, 2009, 4(10): 39.

[39] 陈子典. 秘书应用文书写作[M]. 云南: 云南大学出版社, 2006.

[40] 陈为东. 司法文书写作[M]. 北京: 中国人民大学出版社, 2013.

[41] 吴绪久. 实用写作[M]. 北京: 科学出版社, 2005.

[42] 郑莉. 做好文件管理须练就"四个有"[J]. 秘书工作, 2019, 10(10): 57.

[43] 李大为. 浅谈如何提升高校办公室会务管理工作[J]. 办公室业务, 2018, 6(293): 103.

[44] 詹映静. 如何做好高校会务工作探析[J]. 现代商贸工业, 2017(3): 79.

[45] 李泳思. 浅谈高校办公室如何做好会务工作[J]. 办公室业务, 2019, 1 (306): 181.

[46] 李植. 高校印章管理工作的思考[J]. 佳木斯教育学院学报, 2016, 6 (102): 112.

[47] 白鹭, 王楠. 加强高校办公室印章管理规范化的实践思考[J]. 办公室业务, 2018, 9 (299): 70.

[48] 金晓曾. 高校公务接待水平提升策略研究[J]. 办公室业务, 2020, 12 (353): 117.

[49] 周玉香. 对高校保密工作的思考[J]. 办公室业务, 2016, 2 (237): 126.

[50] 王利明. 民法典的中国特色实践特色时代特色[N]. 光明日报, 2020-08-21.

[51] 王洪亮. 《民法典》与信息社会——以个人信息为例[J]. 政法论丛, 2020 (4): 14.

[52] 余瑞祥. 新形势下高校宣传工作的任务[J]. 学校党建与思想教育, 2004, 2 (29): 38.

[53] 伍嘉颖. 高校新闻宣传工作策略创新[J]. 新闻研究导刊, 2021, 12 (6): 223.

[54] 王玲. 加强高校公务用车管理改革的研究——以上海某高校为例[J]. 高校后勤研究, 2019, 5 (206): 33.

[55] 刘勇. 《民法典》第680条评注（借款利息规制）[J]. 法学家, 2021 (11): 171.

[56] 尚淑莉. 我国民法典有关担保问题的新亮点[J]. 中国律师, 2020, 9 (359): 66.

[57] 李娜. 《民法典》租赁合同新增条款解读[J]. 山东国资, 2021, 3 (25): 116.

[58] 李跃. 聚焦合同编的创新亮点[J]. 人民之声, 2020, 10 (20): 24.

[59] 最高人民法院民法典贯彻实施工作领导小组主编.中华人民共和国民法典总则编理解与适用（下）[M].北京：人民法院出版社，2020.

[60] 王利明.民法典人格权编性骚扰规制条款的解读[J].苏州大学学报（哲学社会科学版），2020（4）：191.